KB253473

BM 성안당

트리즈로 풀어보는 민담

2012년 12월 20일 1판 1쇄 인쇄
2013년 1월   3일 1판 1쇄 발행

지은이 | 트리즈 노리터
펴낸이 | 이종춘
펴낸곳 | BM 성안당

주 소 | 경기도 파주시 문발로 112
전 화 | 031-955-0511
팩 스 | 031-955-0510
등 록 | 1973. 2. 1. 제13-12호
홈페이지 | www.cyber.co.kr
도서 내용 문의 | http://trizmindmap.com

ISBN 978-89-315-7620-7 13320
정가 15,000원

이 책을 만든 사람들
기획 · 진행 | 최창동
표지 디자인 | 나미진
본문 디자인 | 김경미
삽화 | 이기호
제작 | 구본철

지난 50여 년간 TQC, TPM, Reverse Engineering, KT, 6 시그마, MECE, 란체스터, 성공하는 사람의 7가지 습관, 몰입, 극기 훈련, Blue Ocean 등등 수백여 기법이 기업과 공공기관에서 활용되고, 소멸되어 갔습니다. 그 중에 현재까지 사용되는 것은 서너 가지에 불과하고 나머지는 유성처럼 소멸 되었습니다.

그것들이 사라진 이유가 쓸모 없거나 조잡해서 일까요? 전부 그렇지는 않을 겁니다. 가장 큰 이유는 물 관리를 잘못했기 때문입니다.

댐이 수백 개가 있어도 수로가 없으면 농경지에 물을 댈 수 없습니다. 기법이 아무리 좋아도 사람들이 쓸 수 있도록 맞춰 주지 않으면 소용 없는 것입니다.

댐이 있어도 새로운 물이 유입되지 않으면 댐은 바닥을 들어낼 것입니다. 기법이 아무리 좋아도 새로운 사람들이 들어오지 않으면 그것은 잊혀질 겁니다.

트리즈도 같은 길을 걸을까요? 대답은 Yes이고 No입니다. 미래란 정해진 것이 아니라 우리가 오늘 어떤 행동을 하는 가에 의해 만들어지는 것이기 때문입니다. 트리즈는 잊혀지기에는 너무나도 훌륭한 인류의 지적 산물입니다. 하지만 오늘 우리가 적절히 행동하지 않는다면 미래에 트리즈도 존재하지 않을 것입니다.

어떻게 수로를 만들어야 트리즈가 미래에도 존재할 수 있을까요?

'어려운 것을 쉽게', '쉬운 것을 깊게', '깊은 것을 널리'라는 세 가지 전략이 필요합니다.

아무리 좋은 것도 사람들이 어려워 기피한다면 소용이 없습니다. 그래서 '비즈니스 트리즈'라는 방편을 만들었습니다. 그 결과 8,000여 명의 사람들에게 그것을 알릴 기회가 있었습니다.

쉬워도 깊이가 얕으면 싫증을 내기 때문에 잊혀집니다. 그래서 '지혜로움의 비밀'을 통해 철학 수준의 트리즈 개념을 사람들에게 소개 했습니다.

그리고 그것을 널리 알려야만 합니다. 그러기 위해서 우리의 삶을 대상으로 하는 신화나 민담을 모티브로 '트리즈 노리터'의 전문가 여러분이 준비한 결과가 이 책입니다.

우리의 삶은 선택과 타협이라는 모순의 연속입니다. 민담이나 신화 속에는 수많은 삶의 모순들이 담겨 있습니다. 이 책을 시작으로 다른 민담이나 탈무드, 그리스 로마 신화 등과의 접점들을 더욱 확대할 예정입니다.

새로운 물은 어떻게 댐에 유입될까요? 그것은 새로운 물을 공급하는 것입니다. 1996년 한국에 트리즈를 소개한 시점에 비하면 트리즈의 세력은 매우 넓어졌습니다. 아쉬운 것은 전문가 군이 거의 50대 라는 것입니다. 새로운 피인 40대와 30대가 이것을 이어받아 키워 나가야 합니다. 이 뜻에 동참한 10여 명의 TRIZ Next Generation의 모임이 '트리즈 노리터'입니다. 그리고 1년도 안 되는 시간 안에 이만한 성과를 만들어 내었습니다.

1996년 TRIZ 논문을 처음 접했을 때의 그 감정을 아직도 기억하고 있습니다. 그렇게 찾아 헤매던 인연을 만났다고나 할까요? '피망 씨를 빼는 문제'와 '다이아몬드를 부수는 문제'가 같은 문제라는 관점은 너무나도 강력해서 눈 위에 덮힌 비늘이 떨어져 나가는 느낌이었습니다. 이 책을 접하는 여러분께도 그런 기회가 주어졌으면 합니다.

감수자 김익철

목 차

목 차

01

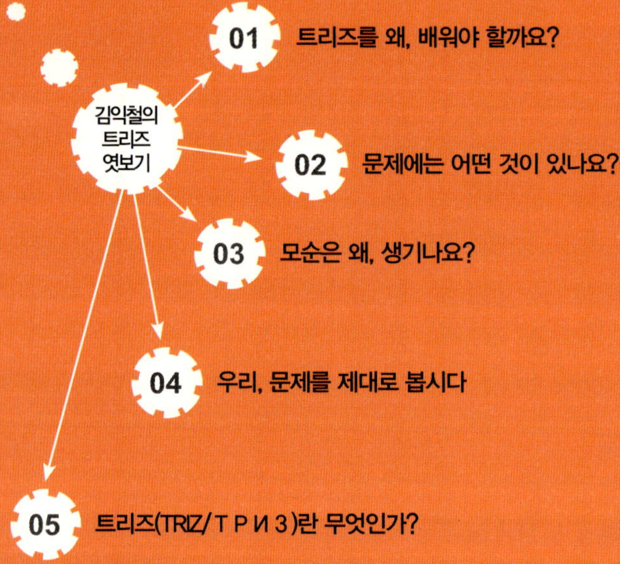

이 내용은 팟캐스트 '트리즈의 모든 것'에 출연한 한국트리즈협회 김익철 전 회장의
트리즈 개론 강좌를 정리, 보완한 것입니다.

김익철의
트리즈 엿보기

정리 김영민
COJEJU 대표
새싹네트워크 새싹대장
㈜ 제주창의혁신센터 이사
前) 기업호민관실 청년호민관
MATRIZ Level 3 이수

트리즈를
왜, 배워야 할까요?

▋ 우리는 (   ) 살아 갑니다.

(   ) 안에는 어떤 단어가 들어갈까요? 두 가지 가능성이 있습니다.

1. 원하는 대로

2. 되는 대로

여러분은 어느 것을 원하시나요? 아마도 대부분은 1번일 겁니다.

왜 1번일까요? 그것이 삶의 목적이기 때문입니다. 인간은 두 가지를 얻으려고 살아갑니다. 행복과 성공.

행복이란 욕망, 몰입, 관계, 자유로 상징되는데, 자신의 평가로 결정됩니다.

성공이란 부, 명예, 권력, 사랑으로 상징되는데, 타인의 평가로 결정됩니다.

여러분이 살아가면서 하는 모든 행위나 사고는 결국 이 두 가지를 얻고자 하는 것입니다. 살아가면서 이 중에 하나라도 얻으면 되는데 현실에서는 이것을 얻지 못하는 사람이 다수입니다. 그래서 불행해지고, 또한 루저(실패자)가 되죠. 이렇게 사람들은 행복이나 성공을 얻기 원하는데 현실에서 이것을 채워주지 못할 때 우리는 이것을 '문제'라고 합니다.

저는 공부도 많이 했고, 나름 좋은 직장에도 다녔으며, 외국 물도 먹었고, 남들 보기에 돈 벌이도 괜찮았는데, 뭔지 모르게 인생이 2% 부족하더라구요.

그래서 제가 뭐가 부족한지, 제 인생에 무슨 문제가 있는 것인지, 심층적으로 탐구하기 시작했어요. 제가 원래 직업이 연구자이다 보니 뭔 사건만 생기면 연구를 시작해요.

그런 고민이 시작된지 꽤 오랜 시간 끝에 트리즈라는 것을 발견하고 "유레카!!"라고 외쳤답니다. 왜냐구요? 그 이유를 알고 싶다면 트리즈가 뭔지 당장 공부해 보시라니깐요? 여러분도 트리즈를 알게 되는 순간 '이거야!!' 라고 무릎을 '탁' 치게 될 테니깐요.

▌ 트리즈를 알면 뭐가 좋나요?

우리는 항상 문제와 함께 살고 있어요. 그런데 문제를 문제로 보는 사람이 있고, 그렇지 않은 사람이 있지요. 남들이 보지 못했다고 생각하는 문제를 발견한 사람을 선지자라고 하지요. 똑같은 현실을 살면서도 문제를 발견하지 못하는 사람을 보통 사람이라고 합니다.

요즘 남자들은 연애를 하려면 참 가진 것이 많아야 해요. 그 첫 번째는 아마도 돈일 것 같습니다. 시오노 나나미의 말처럼 연애란 전쟁이고, 연애라는 전쟁에서 이기려면 남자는 여자에게 수없이 많은 선물과 이벤트를 해야 합니다.

원래 선물이라는 것이 기대치보다 높은 것을 해줘야 선물 대접을 받을 수 있어요. 꼭 물질적인 것만을 말하는 것은 아니지만, 이해하기 쉽게 우리 물질적인 선물만을 놓고 이야기 하자구요.

요즘 '여자친구에게 명품 백(bag) 선물 사주는 오빠' 이야기가 있어요. 은근히 원하든 적극적으로 원하든 많은 여자들이 명품 백 하나쯤은 갖기 원하고 기왕이면 그것을 남자친구가 사주기 원하죠(자신의 친구들에게 능력 있는 남자 친구를 가지고 있다는 것을 자랑질 하기 위해).

하지만 선물을 하는 남자 입장에서는 정말 죽을 맛입니다. 오죽하면 초식남(나 혼자 잘 먹고 잘 살자. 연애 따위는 사치다. 연애에 쓸 돈도 없다.)이라는 신조어가 생겼겠어요?

하지만 사랑하는 여자친구에게 짝퉁을 선물할 수도 없는 것이고(또 여자들이 짝퉁은 귀신같이 알아요), 그렇다고 언제까지 모른 척 할 수도 없는 것인데 말이죠. 참, 이러지도 저러지도 못하는 상황이겠지요? 아마도 많은 남자는 이런 상황을 문제로 인식할 것이라고 생각해요(명품 백을 서슴없이 사줄 정도로 통장잔고가 빵빵하다면 문제도 아니겠지요.) 이건 문제의 발견이라고 하기 보다는 문제가 닥쳤다고 말 할 수 있겠죠? 문제의 원인을 제거하면 참 쉬운 경우이지만….

여자친구에 대한 사랑이 작거나, 명품 백을 사주느니 차라리 헤어지겠다는 배짱이 있다면 모를까…. 대부분은 사줘야 할 겁니다.

그럼 이왕 사준다면 선물다운 선물 급을 사줘야겠지요? 기대하고 있는 이상 수백에서 수천만원이나 하는 고가의 명품 백을 사줘야 한다는 말입니다.

그런데 여기에는 문제가 많습니다. 첫째는 일반 남자의 수입을 넘는 고가라는 것이죠. 그렇지만 정말로 사랑한다면 이것은 큰 문제가 아닙니다. 왜냐하면 개콘에서 말하는 것처럼 숨만 쉬고 편의점에서 알바를 하면 일년에 2,522만원을 (시급 4,320원 *16시간/일* 365일) 벌 수 있으니까요. 이 정도 돈이면 어떤 명품백도 살 수 있습니다. 반려자는 향후 40년 이상 삶의 질을 결정하는 요소이니 1년 투자는 손해 보는 장사는 아닙니다.

그런데 두 번째 문제가 있습니다. 그리고 매우 심각합니다. 모든 연애가 결혼으로 가나요? 당연히 아니죠. 여자친구와 헤어진다고 가정한다면? 명품 백 값(수백만원~ 수천만원)이 아깝게 생각되지는 않을까요? (째째하다구요? 말숙이(KBS주말연속극 "넝쿨당")처럼 처음부터 뜯어먹는 게 목적인 꽃뱀이라고 해도? 그 백을 중고샵에 팔아서 다른 남자에게 선물을 해주는데도?)

이것을 트리즈의 문제로 정리하면 다음과 같이 됩니다.

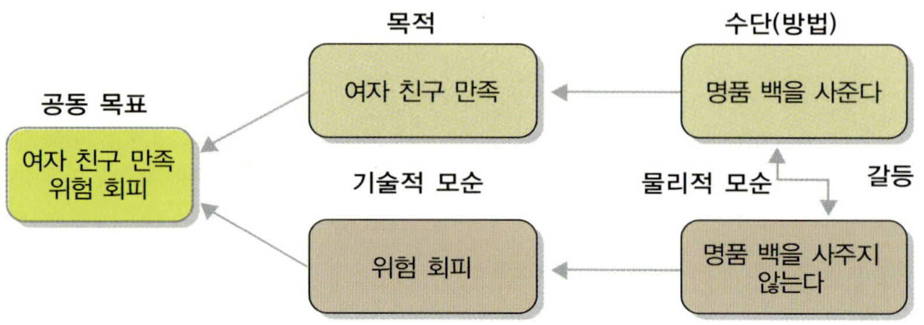

여자 친구를 만족시키는 목적과 남자가 위험을 피한다는 목적은 서로 충돌하고 있어요. 따라서 둘 중에 하나를 선택해야 하는데, 이것을 트리즈에서는 '기술적 모순'이라고 정의하고 있어요.

명품 백이라는 하나의 수단을 사주기도 해야 하고 사주지 않기도 해야 하는 상반된 상태를 요구해서 손해가 나도 아깝지 않을 정도로 타협해야 하는 것을 트리즈에서는 '물리적 모순'이라고 정의합니다.

아마도 저라면 '명품 백은 선물하되(팔지 못하게) 보증서는 주지 않을 겁니다.' 이게 제 해결책 중의 하나입니다.

백을 사주면 명품 백을 받은 여자 친구는 만족하겠지만 그것을 다시 팔 수는 없기 때문에, 나는 위험을 줄일 수 있죠.

▌그렇다면 트리즈를 배워야 하는 궁극적인 이유는 무엇인가요?

"知彼知己면 百戰不殆"라는 말이 있습니다. 적을 알고 나를 알면 백번을 싸워도 지지 않는다는 것이죠. 트리즈를 배운다면 문제를 알게 됩니다. 그래서 문제와의 싸움에서 지지 않아 삶을 정신적·물질적으로 윤택하게 할 수 있어요. 문제는 우리 삶에서 언젠가는 맞닥뜨리고, 그것이 우리를 불행하게 하거나 실패자로 만들기 때문에 미리미리 준비가 필요해요.

우리가 수영을 배우는 이유가 뭐겠어요. 레저의 이유도 있지만, 살면서 물에 빠질 일이 생긴다는 거죠. 그렇다면 재미있게 노는 것도 중요하지만, 위험한 상황에 닥치더라도 최소한 죽지는 않기 위해서 배우는 거 아니겠어요?

수영을 배운 사람과 배우지 않은 사람의 차이가 삶과 죽음으로 나뉘는 것처럼, 문제를 배운 사람과 배우지 않은 사람의 차이가 무엇인지는 여러분이 생각해 보세요.

트리즈 보험에 가입해 보세요. 여러분의 삶이 한층 윤택해질거라 확신합니다.

문제에는
어떤 것이 있나요?

'명품 백은 선물하되 보증서는 주지 않을 겁니다.'라는 이 해법이 그냥 툭 나왔겠어요? 아주 치밀하고 분석적인 알트슐레르라는 분의 트리즈를 통해 나왔답니다.

우리가 삶에서 선택이나 타협의 순간에 닥치게 되는 원인을 정리하면 세 가지로 압축할 수 있거든요. **첫째, 시간이 중첩되기 때문이고요. 둘째, 공간이 중첩되기 때문이고요. 셋째, 조건이 중첩되기 때문입니다.** 이 세 가지만 제대로 알아도 우리 삶의 문제를 50%는 해결할 수 있다고 봐요.

수학문제에도 난이도가 있듯이 우리가 살아가면서 생기는 문제들도 **고민, 무지, 모순이라는 난이도가 있어요.**

사춘기 시절 흔히들 겪는 친구, 성적 등 수많은 문제가 있습니다. 그런데 성인들이 보면 아무것도 아닌 것들이죠. 이것은 어른도 마찬가지입니다. 남들이 보면 문제도 아닌 것을 문제라고 걱정하고 있죠. 이처럼

'성인이 되거나 타인이 되면 아무 문제도 아니다'라고 생각하는 이런 수준의 문제를 고민이라고 말해요.

'몰라서 못한다'라는 말 자주 들어 보셨죠? 난이도 두 번째는 무지의 문제가 있어요. 우리가 겪는 문제들의 90% 이상은 무지의 문제라고 봐요. '무지'가 '무식'과는 조금 다른 건 아시죠? 통일되게 쓰이기도 하지만, 저는 구분해서 생각하려고 해요.

무지의 문제는 '왜 그런지 모르겠다(원인)'와 '어떻게 해야 할지 모르겠다(수단(방법))'로 나눠져요. 트리즈를 배워도 문제를 해결하려면 문제를 둘러싸고 있는 원인들을 찾아야 하는데, 그 원인을 찾으려면 지식과 경험이 필요해요. 지식과 경험이 부족하다 보니 문제의 원인에 접근하지 못해 근본적인 해결책을 찾을 수 없다 보니 표면적인 해결책에 그치는 경우가 대다수 이지요. 또 원인을 알아도 해결 수단을 모르면 문제를 해결할 수 없습니다. 따라서 이런 것들은 원인과 수단이라는 지식을 아는 순간 해결되어 버립니다.

세 번째는 진짜 문제인 모순 문제입니다. 원인을 찾거나 해결 방법만 알면 문제가 해결될까요? 아닙니다. 해결 방법을 시행하면 무엇인가 한 가지 목적을 이루지만, 반드시 반대편에 잃는 목적, 즉 모순이 생깁니다. 앞의 예제에서 여자친구를 만족시켜야 하는 목적과 남자의 위험을 회피하는 목적이 서로 충돌하고 있었죠. 그래서 우리는 선택이나 타협을 해야 합니다.

모순은 천지인(시간, 공간, 조건)이라는 세 가지 원인에 의해서 생깁니다. 그리고 좀 더 세분하면 17개로 구분될 수 있으며 이것을 정리하면 아래와 같습니다.

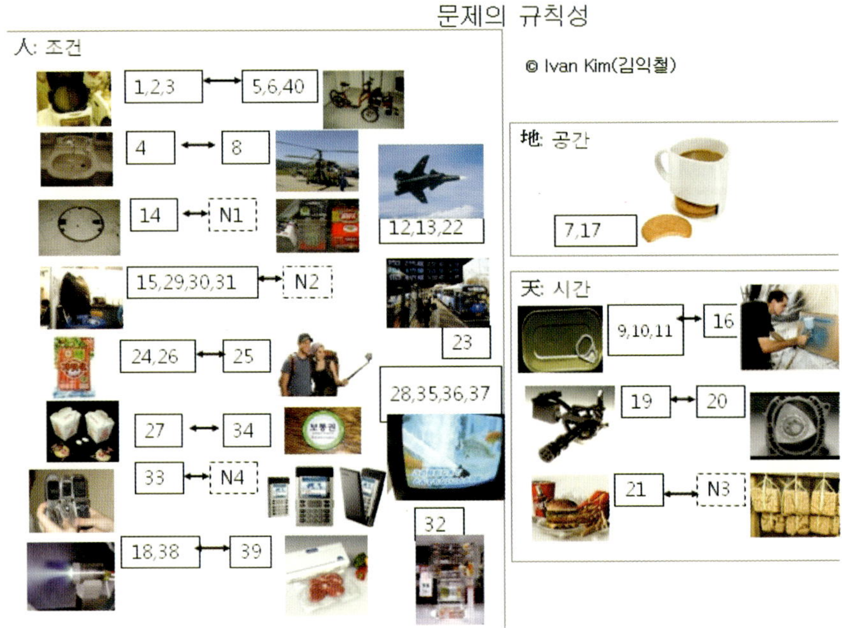

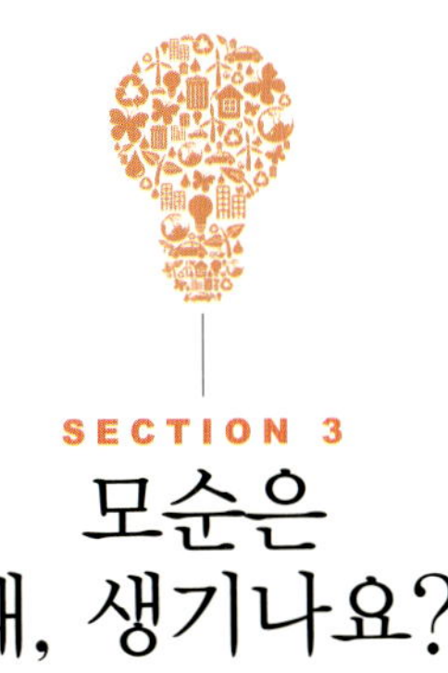

모순은
왜, 생기나요?

트리즈를 알려면 모순을 제대로 알아야 해요. 모순은 사전적인 용어로 두 가지의 판단, 사태 따위가 양립하지 못하고 서로 배척하는 상태. 두 판단이 중간에 존재하는 것 없이 대립하여 양립하지 못하는 관계로, 이를테면 '고양이는 동물이지만 동물이 아니다.' (고양이를 기르는 사람들한테 고양이는 가족이다.) 따위로 어렵게 말할 수 있는데, 트리즈에서는 '이러지도 저러지도 못하는 상황'을 모순이라고 말해요. 풀어서 말하자면 '이러지도'는 선택의 순간이고 '저러지도'는 타협의 순간으로 볼 수 있는데, 이런 순간에 우리는 모순이 생긴다고 말해요. 왜냐면 선택하면 (포기한 것 때문에) 후회스럽고, 타협하면 (내가 양보한 것 때문에) 불만이 생기니깐요.

트리즈에서는 선택해야 하는 모순을 '기술적 모순'이라고 정의하고 타협해야 하는 모순을 '물리적 모순'이라고 정의하고 있어요. 그리고 모순문제는 시간, 공간, 조건의 세 가지로 인해 일어납니다.

▌시간은 왜, 모순문제가 되지요?

"청춘을~ 돌려다오~ "라는 노래를 아시나요? 왜, 돌려 달라고 할까요? 자신이 돌릴 수 없기 때문에 돌려달라고 하는 것이겠지요? 만약, 시간이 기다려 준다면, 시간을 되돌릴 수 있다면, 시간을 빨리 가게 할 수 있다면, 느리게 가게 할 수 있다면 시간의 문제는 발생하지 않겠지요?

'시간'은 우리의 요구와 무관하게 흐를 뿐입니다. 노자가 말한 "하늘은 잔인하다는 것"은 이것을 말하죠. 시간에 대한 우리의 '요구'와 '현상' 간에 차이가 생기고 이것이 '시간'의 문제가 됩니다.

시간을 제어할 수 없으니 주어진 시간을 효율적으로 쓰기 위해 별별 아이디어들과 전략들이 난무하는 것 아니겠어요?

"국방부 시계는 지금 이 순간에도 멈추지 않는다." 군대에 다녀온 우리나라의 건장한 남자라면 누구나 이 말을 기억할 것이라고 생각합니다. 군대에서 시간이 느리게 느껴질 때 어김없이 등장하는 말입니다.

"꿈결 같이 지나갔다." 사랑하는 연인이라면 누구나 공감하는 말입니다. 시간이 빨리 지난다고 느껴질 때 하는 말입니다. 또한 시간은 멈추거나 만들 수 없습니다. 그래서 황진이는 멋진 시를 만들었죠.

시간은 이처럼 우리가 통제할 수 없기 때문에 문제가 생깁니다. 그러기에 우리가 이러지도 못하고 저러지도 못하는 상황에서 항상 **시간**이라는 문제를 유념해야 합니다.

▌ 공간은 왜, 모순문제가 되나요?

한때 부의 상징이었던 서울 강남구 도곡동 고층 주상복합아파트 '타워팰리스',

만약 당신이 건설업자라면, 땅값이 매우 비싼 강남구 도곡동에 2층짜리 단독주택을 짓겠는가? 아니면 55층의 아파트를 짓겠는가? 당연히 55층 짜리 아파트를 지을 겁니다.

왜 그럴까요? 공간을 만들 수 없기 때문입니다. 만약 공간을 만들어낼 수 있다면 어떨까요? 혹시 두 개의 거울을 마주 놓고 가운데 서 보신 경험이 있으신가요? 어떻게 보이나요? 공간이 중첩되어 무한대로 확장되어 보이죠? 시각이 아니라 물리적 공간을 그렇게 만들 수 있어도 55층 아파트를 지을까요?

혹시 "점퍼"라는 영화를 보신 적이 있나요? 지구상의 어느 공간이라도 1초 이내에 이동할 수 있는 초능력자 이야기입니다. 만약 여러분이 그런 능력을 가지고 있다면 매연으로 가득 찬 서울의 고층 아파트에 집을 얻겠어요? 아니면, 공기 좋고 경치 좋은 록키 마운틴 능선에 10만평쯤의 땅이 딸린 집을 얻겠어요?

‘공간’의 문제란 무엇인가? 공간의 문제란 공간의 상태나 조건이 인간이 원하는 대로 되지 않는 것을 말합니다. 공간이 넓은 것, 좁은 것, 누워있는 것, 세워진 것, 공간이 차단되지 않는 것 등의 유형 등으로 문제들이 생깁니다.

공간도 이처럼 우리가 통제할 수 없기 때문에 문제가 생깁니다. 그러기에 우리가 이러지도 못하고 저러지도 못하는 상황에서 항상 공간이라는 문제를 유념해야 합니다.

▌ 조건은 왜, 모순문제가 되나요?

시간과 공간의 요소를 제외한 다양한 상황변수들이라고 말할 수 있을 것 같습니다.

예를 들면, ‘나누거나 모아서(집중/분산)’ 문제가 되는 것이 있습니다.

예를 들면, 짜장면이나 짬뽕을 선택해야 하는 오래된 선택 문제가 있죠. 짜장면을 시킨 후에 옆 테이블의 짬뽕을 보면 그것이 먹고 싶어집니다. 또는 그 반대의 경우도 자주 있습니다. 왜 그런가 하면 그릇이 나눠지지 않았기 때문입니다. 옆의 짬짜면처럼 그릇을 나누면 선택할 필요가 없어 집니다.

이런 식으로 조건의 문제는 다음 15개가 있습니다.

1) 나누거나 모아서(분산/집중)

2) 보이거나 숨겨서(측정)

3) 직접 하거나 대신해서(직/간접)

4) 조건을 바꾼다(조건 차이)

5) 공짜 점심을 찾는다(자원 부족)

6) 흔들거나 쉽게 해서(안정/불안정)

7) 방법을 바꾼다(방법 오류)

8) 문제를 바꾼다(관점 오류)

9) 부드럽거나 엄격하게(경직/유연)

10) 피드백을 준다(피드백)

11) 같거나 다르게 한다(차이)

12) 쓰레기를 돈으로(유해 요인)

13) 해결 가능한 것만 해결(설정 오류)

14) 시소를 타는(균형/비균형)

15) 이름이나 모양을 바꾼다(명칭/형상)

이것에 대해 좀 더 자세히 알기를 원하시면 "지혜로움의 비밀—트리즈의 사상과 방법"이라는 책을 읽어보시면 됩니다.

우리, 문제를
제대로 봅시다

▍ 문제를 어떻게 봐야 제대로 보는 것일까요?

우리는 대부분 문제가 생기기 전에는 문제라고 인지하지 못합니다. 한국 기업이 fast follower인 시절에는 선도적인 입장에 있는 롤 모델만 찾아 그것이 가진 문제를 벤치마킹(모방)만 해도 문제는 자연스럽게 해결할 수 있었습니다.

하지만 first mover가 되어 우리가 선도자의 입장에 있다 보니 롤 모델도 없고, 내가 스스로 문제를 찾고 해결해야만 하는 입장에 놓여있습니다.

과거에는 문제 해결만으로 충분했지만 앞으로는 문제 발견과 공감이 꽤 중요한 요소가 되었죠. 따라서 문제를 해결하는 것이 아니라 문제를 발견하고, 공감하는 것이 문제를 제대로 보는 것입니다.

문제의 발생 전후 단계를 구분해보면 1. 문제의 발견, 2. 문제의 공감, 이 두 가지가 문제 발생 이전의 단계이며, 3. 문제의 정의, 4. 해결책, 5. 실행/평가, 이 세 가지를 문제 발생 후 단계로 구분해서 볼 수 있습니다.

문제를 가지고 있는 당사자 임에도 불구하고 문제의 발견을 하지 못하고, 문제가 생길 때까지 방치하여 근본적인 문제해결의 시간을 놓치는 경우가 많습니다. 그러다 보니 단기간에 표면적인 문제라도 해결한다면 시간을 벌 수 있지만, 해결하지 못한다면 말 그대로 문제가 터져서 사건으로 번지는 경우가 대다수 입니다.

문제에 대한 능력을 높이기 위해서 우리는 좀 더 적극적으로 문제를 찾는데, 즉 문제 발견에 집중할 필요가 있습니다. 하지만 문제를 발견해도 다른 사람들이 문제가 아니라고 하면 문제가 성립되지 않습니다. 즉 문제의 공감도 중요합니다.

▌ A Diamond is Forever! Love is Forever!(다이아몬드는 영원하다. 사랑도 영원하다.)

이 문구는 'De Beers(드비어스)'라는 다이아몬드 회사가 결혼 여성들에게 문제라고 공감하게 만든 사례입니다. 신부들에게는 로망을, 신랑들에게는 막대한 부담을 준 문제입니다. 별 쓸모 없는 탄소 덩어리에 불과한 다이아몬드를 부피 대비 최대의 값어치로 인정받게 여성들의 공감을 이끌어 내었죠. 이렇게 문제를 만들고 공감시킨 드비어스사는 세계 최대의 다이아몬드 회사로 성장하게 되는 계기가 됩니다.

기업가들은 문제의 공간을 통해 비즈니스를 창출하는 것에 반해, 개인 발명가들은 발견의 능력이 뛰어나지만 대중에게 공감되지 못해 발견된 아이디어들이 상품화 되지 못하고 폐기되는 경우를 많이 봅니다.

▋ 문제의 공감을 어떻게 만들 수 있을까요?

대만의 한 청년이 사랑하는 여자에게 2년 동안 700여 통의 연애편지를 썼습니다. 매일 편지를 쓴 것이지요. 이것은 러브레터 사상 세계 기록일 것입니다. 그런데 연애편지를 700통이나 받은 이 처녀는 그 편지를 쓴 청년과 결혼한 것이 아니라 그 편지를 날마다 배달해 준 우편배달부와 결혼했다고 합니다. 날마다 만나서 접촉하는 동안 서로서로 사랑하게 된 것입니다. 날마다 만나고, 날마다 같이 있고, 날마다 교제하는 것이 더 중요합니다. 자주 보게 되면서 처녀의 얼굴이 어두우면 "무슨 걱정이 있느냐?"고 물어보고, 처녀의 얼굴이 밝으면 덩달아 좋아하고, 처녀의 얼굴이 창백하면 "어디가 아프냐?"고 물어보던 그 우편배달부의 공감을 통해 교감이 이루어져 사랑까지 하게 된 일화입니다. 연애편지를 전달하는 우편배달부가 왜? 사랑을 얻었을까? 노출이 그만큼 중요하다는 것입니다. 상대방으로부터의 노출을 통해서 공감을 얻어 낼 수 있습니다.

▋ 공감에서는 경험의 요소가 중요해요!

인간은 불행하게도 겪어보지 않으면 문제라고 인지하지 못해요. 인간은 보고 싶은 것만 볼까요? 보이는 것을 볼까요? 인간은 보이는 것도 보지만, 보고 싶은 것만 보기도 해요. 그게 의식이든 무의식이든 말이죠.

아이들이 놀이라는 과정에서 균형(운동감각)을 배우게 되는데요. 만약 아이들이 놀이터에서 어릴 적에 놀지 않고 그대로 성장해 버린다면, 성인이 되어서도 쉽게 넘어지고 골절 사고가 생길 위험을 가지고 있어요. 한때 일본 일부 지역에서 성인 골절률이 높아 그 원인을 연구하게 되었는데, 연구의 결론은 지금 성인이 된 일본인들이 어릴 적에 사회적 위험 사건으로 인해 부모들이 집 밖 출입을 최소화해, 아이들이 집안에서만 길러져 균형 감각이 성인이 되어서도 형성되지 않아 골절 사고로 이어졌다고 합니다. 사람에게는 이처럼 경험의 중요함을 간과할 수 없습니다.

▌한방에 훅 가지 않으려면 문제에 집중합시다.

"만물유전(萬物流轉)"이란 말이 있습니다. 세상에 변하지 않는 것은 없다는 것이지요. 고정관념과 권위에 휩싸인 사람들의 문제는 문제발견력과 공감력이 떨어집니다. 우선 문제발견력이 떨어지는 이유는 문제가 발생되었더라도 아집으로 인해 그것을 문제로 보지 않으려 하기 때문입니다. 고정관념과 권위는 소통의 부재를 낳게 되는데 결국 수용력이 낮다는 말입니다.

현명한 사람들을 만나면 소통능력이 높고, 수용력이 넓다는 것을 느끼게 될 겁니다. 그 이유는 문제를 해결하는데 있어서는 혼자서 문제를 발견하고 해결할 수 없기 때문에 다양한 의견과 지식을 수용하기 위한 당연한 행동이라고 보여집니다.

문제의 장벽을 넘지 못하는 제일 큰 요인은 문제를 직면한 당사자들의 태도를 꼽고 싶습니다. 트리즈에서는 심리적장벽을 허물고 고정관념에서 벗어나서 문제를 제대로 바라 볼 수 있다고 말합니다.

우리가 문제에 지지 않고, 어떠한 선택과 타협의 순간에서도 창의적인 해결책을 만들어 내기 위해서는 문제를 대하는 태도부터 바꿔야 하지 않을까 합니다.

트리즈(TRIZ/ТРИЗ)란 무엇인가?

트리즈란 '문제를 발명적으로 해결하기 위한 이론'이란 의미의 러시아어 ТРИЗ(Теория(째오리아–이론), Решения(레셰니아–해결), Изобретательских(이조브레따쨀스키흐–발명), Задач(자다취–문제)의 머리글자를 영어식으로 읽은 것)입니다. 1946년부터 유대계 러시아아인 겐리후 싸울로비츄 알트슐레르(Genrich Saulovich Altshuller, 1926~1998)박사와 그의 동료, 제자들에 의해 수백만 건 이상의 특허를 분석, 거기에 존재하는 **공통의 문제해결 원리**를 요약, 정리한 것입니다.

트리즈는 한 가지 기법이 아니라 다음의 그림에서 보이는 것처럼 크게 기법, 개념, 프로세스, 문제론의 4가지로 구성됩니다.

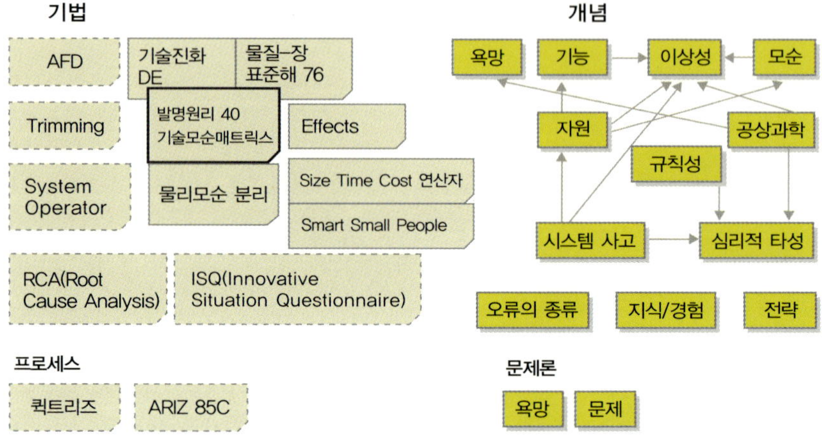

　　기법은 문제의 내용을 분석하고, 해결하는 방법으로 지금까지 11가지 기법이 개발되어 있습니다.

　　트리즈의 기법을 배우려면 70여 권의 책들이 출판되어 있고 교육기관도 많습니다(부록 3 참조). 이 기법 중에서 발명원리와 모순을 제외하고는 조금 어렵고 또한 기술자 외에는 사용할 일이 거의 없습니다.

　　하지만 자세히 배우기를 원하시면 "이노베이션 알고리즘"과 "40가지 원리", "Right solution at the right time", "TRIZ, Target, Invention, Practice"의 4권의 기본서를 추천합니다. 참고로 기법의 내용을 다음의 간단히 정리했습니다.

① 발명원리 40과 기술모순 매트릭스

기술적 모순을 해결하는 40가지의 문제해결 원리를 말합니다.

1번 분할에서 40번 복합재료까지 40개의 원리가 있으며, 발명원리를 찾도록 도와주는 기술모순 매트릭스도 있습니다.

분할	추출	국부적 품질, 다양화	비대칭
통합	다양성, 보편성	포개기	균형추
사전 반대 조치	사전 준비 조치	사전 예방 조치	높이 맞추기
반대로 하기	곡선화	유연성, 가변성	과부족
다른 차원	진동시키기	주기적 조회	유용한 작용의 지속
고속 처리, 뛰어 넘기	전화위복	피드백	중간 매개물
셀프 서비스	대체 수단, 복사	일회용품	기계 시스템 대체
공압·유압	얇고 유연한 막	다공성	색변화
동질성	폐기 또는 재생	특성 변화	상변화
열 팽창	활성화, 산화 가속	비활성화	복합재료

② 물질-장 분석과 표준해

기술 문제는 물질과 물질 간에 상호 작용과 에너지(장-field)에 의해 일어납니다. 이렇게 문제를 보는 기법이 물질-장 분석입니다. 그리고 발생하는 기술문제는 크게 5개의 분류, 세분해 76종류로 분류하여 표준 해로 정리해 놓았습니다. 보통 다음과 같은 그림으로 표현합니다.

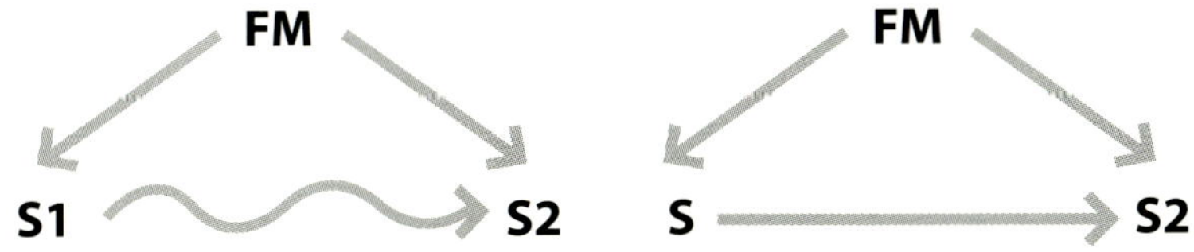

③ 효과(Effects)

기술 문제의 해결에는 자연법칙(과학 지식)을 이용합니다. 예를 들면, 냉기의 축적에는 기체 수화물의 분해; 수소화물; 수소; 흡열반응, 용해 같은 자연법칙이 사용됩니다. 자연법칙을 기능(function)의 관점에서 정리해 놓은 기법입니다.

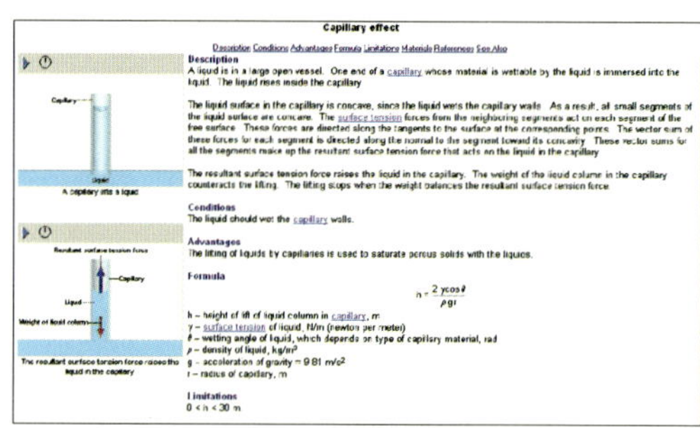

©Techoptimizer

④ 물리적 모순

물리적 모순은 하나의 해결수단을 상반되는 상태로 요구하는 것을 말합니다. 시간 분리, 공간 분리, 조건 분리, 전체와 부분에 의한 분리의 네 가지 방법이 있습니다.

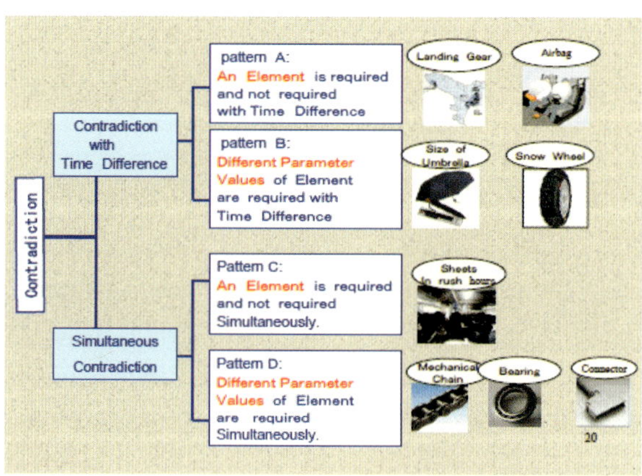

⑤ **기술진화 법칙(Directed Evolution)**

기술은 무질서하게 발전하는 것이 아니라 어떤 법칙을 가지고 진화, 발전합니다. 이것은 기술예측에 유용하게 사용할 수 있습니다.

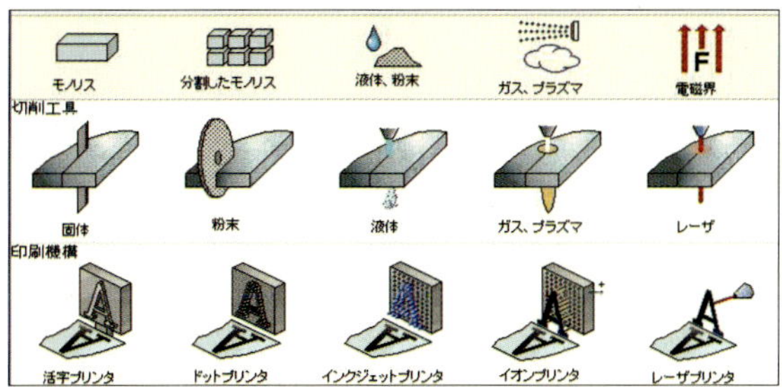

ⓒTechoptimizer

⑥ **Smart Small Person**

이것은 아이디어 생성에 이용하는 의인화 기법입니다. 문제의 상황을 수많은 난쟁이에 의해 이뤄진다고 상상을 함으로써 해결책을 찾고자 하는 것입니다.

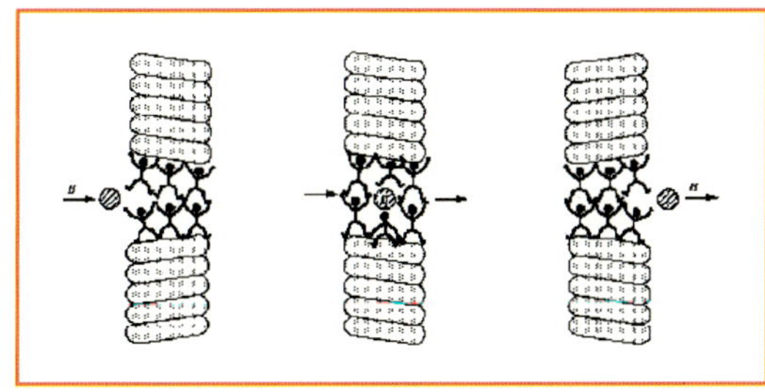

⑦ STC(Size-Time-Cost) 연산자

STC연산자란 문제 상황에서 시간, 비용, 크기의 변수를 아래와 같이
변환하여 문제해결 방법을 찾는 것입니다. 관점을 바꾸는데 유용합니다.

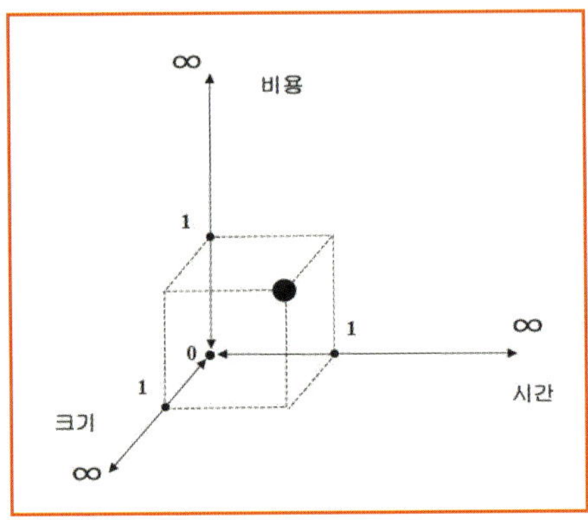

⑧ System of Operators

Ideation International에서 개발된 것으로 440개 문제 유형을 추
출하여 Operator를 포함하고 있습니다.

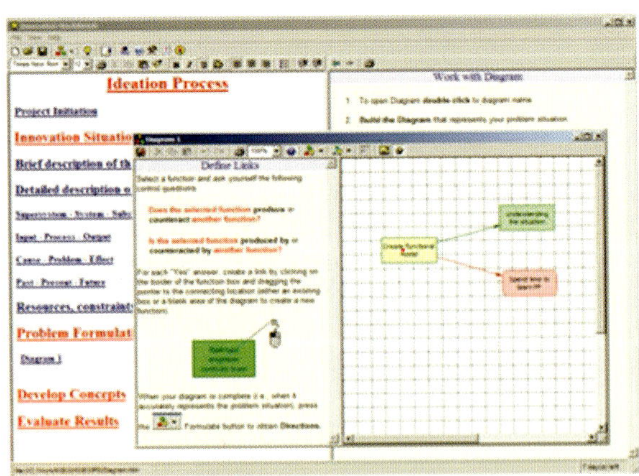

©Ideation International

⑨ Trimming

이것은 Invention Machine 사에서 개발되었습니다. 해당 기술을 요소로 분해하고 각각의 요소가 가진 기능의 중복성을 검사하여 기능을 삭제하는 것을 목적으로 합니다.

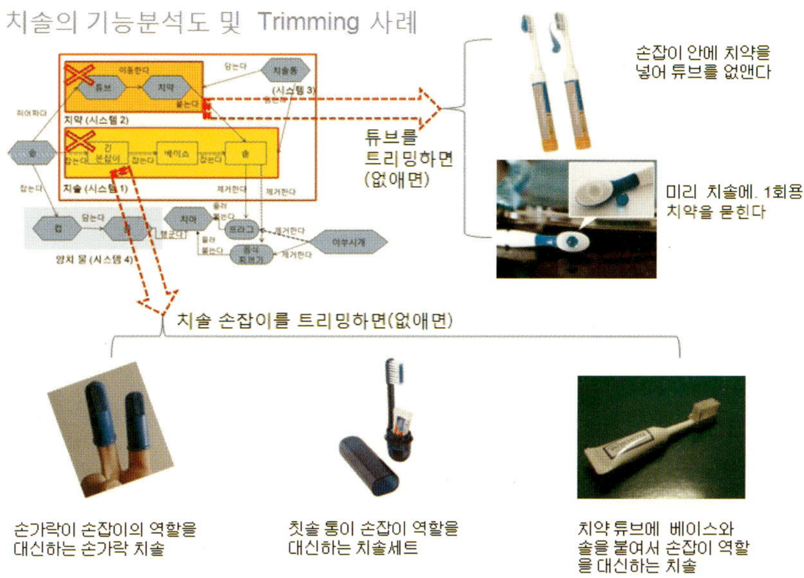

⑩ AFD(Anticipatory Failure Determination)

Ideation International에서 개발된 신뢰성 예측 기법입니다. 실패란 정보가 부족한 지역에서 일반적으로 생긴다는 가설에 기초해 개발된 것입니다. 기존의 기법이 실패를 막는데 주력한다면 AFD는 일부러 실패를 야기시키는데 주력합니다.

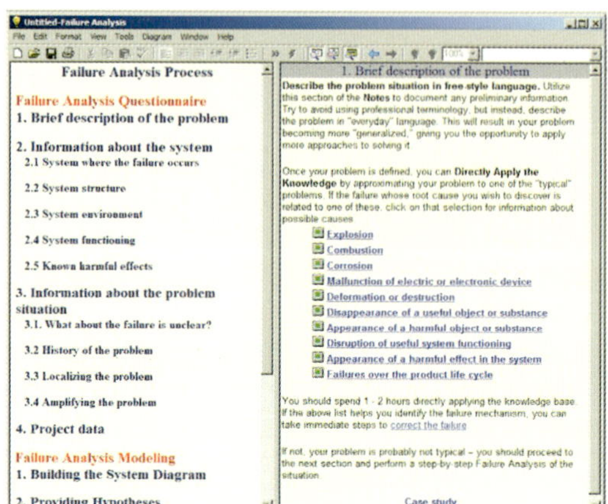

⑪ RCA(Root Cause Analysis)

문제를 분해하여 AND 요인과 OR 요인으로 구분하고 문제의 원인을
해석하는 기법입니다.

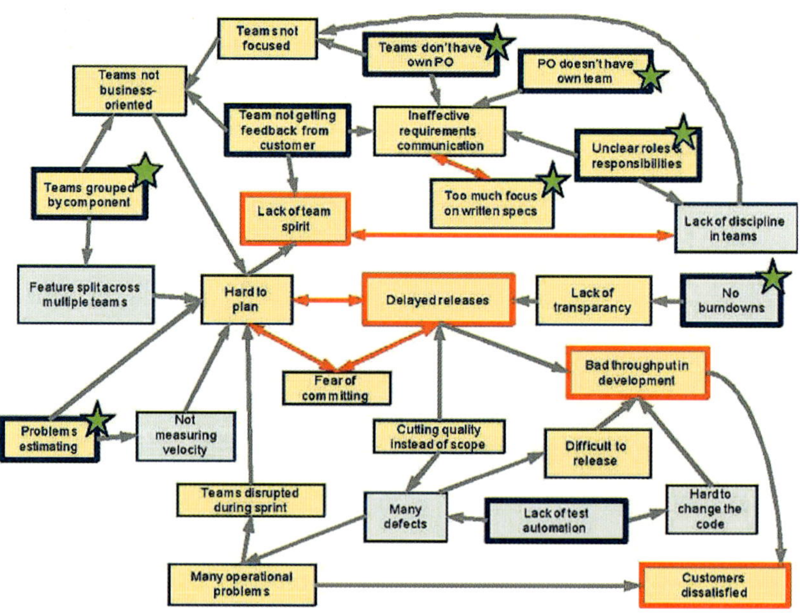

개념은 문제를 분석하는 프레임으로 왜 문제가 문제인가를 규정하는 모순, 이상성, 자원 등의 12개가 있습니다.

기존의 문제해결 방법은 문제 해결에 한정되어 있는데, 트리즈는 이처럼 문제가 구성되는 개념까지 연구 되었습니다. 이것은 트리즈에서 가장 어려운 내용이지만 배우기를 원한다면 "지혜로움의 비밀 – 트리즈의 사상과 방법" 도서를 추천합니다.

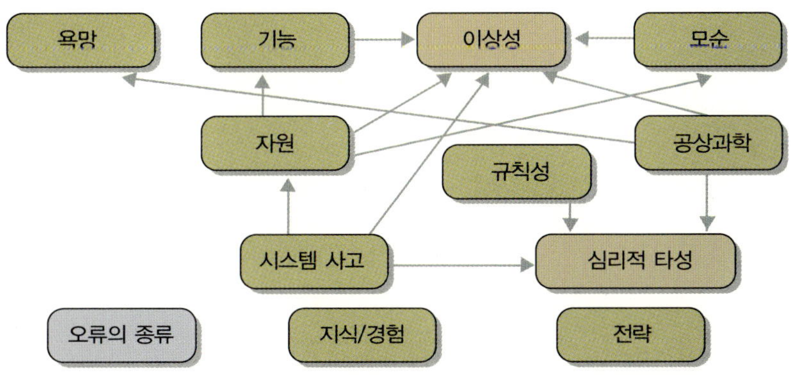

프로세스는 문제를 해결하는 절차로, 창시자인 알트슐레르가 만든 아리즈(ARIZ)라는 프로세스와 ARIZ가 어렵기 때문에 이를 보완하기 위해 만든 여러 프로세스가 있습니다.

이 책에서는 현재 국내에서 많이 이용되는 프로세스인 퀵 트리즈, 모순테이블, 아리즈(ARIZ), 실용트리즈의 차이를 보여주기 위해 선녀와 나무꾼이라는 같은 주제를 해결하고 있습니다.

문제론은 김익철에 의해 정리된 것으로, 소망론과 문제의 종류와 성질에 관한 지식입니다. 역사상 문제의 본질을 본 사람은 유물(唯物)의 문제를 본 알트슐레르 박사와 유심(唯心)의 문제를 본 석가모니가 있습니다. 그런데 인간은 마음과 몸으로 살아가기 때문에 두 가지 문제에 전부 직면합니다. 따라서 트리즈를 유물의 기법에서 유심의 기법까지 확대하기 위하여 도입된 것입니다.

인간의 모든 문제는 살아있기 때문에 생깁니다. 살아있는 모든 존재는 소망을 가지고 그 소망이 채워지지 않음으로써 문제가 생깁니다. 따라서 인간의 소망이 어떤 것인지 모르면 문제도 해결할 수 없습니다.

인간의 소망은 천지인(天地人-시간, 공간, 조건)을 축으로 구성되는데, 이를 개략하면 다음과 같습니다. 天(시간)은 삶, 일, 놀이로 구성되고, 地(공간)는 나, 우리, 너로 구성되며, 人(조건)은 의식, 전의식, 무의식으로 구성됩니다. 그리고 각 단계에서 존재하는 소망은 아래와 같습니다.

삶의 소망

	나	우리	너
의식(욕망)	집착효능	기호효용	현시가치
전의식(욕구)	사용(私用)효능	사용(私用)효용	교환가치
무의식(욕동)	사신효능	감응효용	신화가치

일의 소망

	나	우리	너
의식(욕망)	자습효능	작법효용	의식(儀式)가치
전의식(욕구)	자성효능	수행효용	교육가치
무의식(욕동)	자위효능	휴식효용	축제가치

놀이 소망

	나	우리	너
의식(욕망)	도박효능	게임효용	경쟁가치
전의식(욕구)	사희(私戱)효능	희화(戱化)효용	모의가치
무의식(욕동)	어지러움 효능	해방효용	혼란가치

이 내용은 여러 가지 형태로 구전되는 '선녀와 나무꾼' 민담을 트리즈기법을
이용해 풀이하고자 새롭게 구성 · 정리한 것입니다.

정리 : 송성용

선녀와 나무꾼
이야기에 대해서

옛날, 아주 먼 옛날 어느 깊은 산골에 홀어머니를 모시고 사는 마음씨 착한 총각이 살고 있었습니다.

그는 하루하루 나무를 베거나 주워 끼니를 이어가는 가난한 나무꾼이었습니다.

나무꾼은 마음씨가 착하고 효심이 깊어서 남의 어려움을 보면 그냥 지나치지 못하고, 홀어머니에게는 지극한 효심으로 동네에 소문이 자자했습니다.

어느 날 나무꾼은 평소와 마찬가지로 깊은 산속에 들어가 나무를 하다가 잠시 쉬던 중 자신을 향해 뛰어오는 노루를 발견했습니다. 노루는 다급한 표정으로 나무꾼의 뒤에 숨더니 놀랍게도 그에게 말을 걸었습니다.

“나무꾼님, 지금 포수가 저를 잡으려고 쫓아오고 있어요, 저를 살려주시면 이 은혜는 절대로 잊지 않을게요.”

나무꾼은 순간적으로 노루가 사람의 말을 하는 것에 깜짝 놀랐고, **불쌍한 노루를 살려줄지 말지** 고민했지만 원래 남의 어려움을 지나치지 못하는 성격인데다가, 다급하게 부탁하는 노루의 눈에 고인 눈물을 보고는 외면할 수 없었습니다.

그는 노루에게 말했습니다.

“그래, 그럼 내 나뭇짐 뒤에 숨거라, 포수에게는 내가 적당히 둘러댈 테니….”

노루가 나뭇짐 뒤에 숨자 잠시 후 사냥총을 든 포수가 헐레벌떡 뛰어왔습니다.

“아! 다 잡은 놈을 놓쳤네. 이봐요. 나무꾼 총각, 혹시 이 앞으로 뛰어가는 노루를 보지 못했소?”

포수의 말에 나무꾼은 생전 처음 거짓말을 합니다.

“아, 금방 저쪽으로 뛰어갔습니다. 지금 빨리 따라가시면 잡을 수 있을 것 같습니다.”

나무꾼의 말에 포수는 뒤도 돌아보지 않고 그가 가르쳐준 방향으로 쏜살같이 뛰어갔습니다.

이윽고 포수의 기척이 사라지자 노루가 슬그머니 나뭇짐 뒤에서 나왔습니다.

"나무꾼님, 감사합니다. 이 은혜를 어떻게 갚을 수 있을지…, 미물인 제가 드릴 수 있는 것은 없고 도움이 될 만한 이야기를 한 가지 해드리겠습니다. 보름달이 뜨는 내일 밤 자정 저 산중턱 계곡의 폭포 밑에 가시면 천상의 선녀들이 하늘에서 내려와 연못에서 목욕을 한답니다. 그때 몰래 숨어들어가 마음에 드는 선녀의 옷을 숨겨놓으십시오. 그 다음엔…."

노루는 나무꾼에게 구체적인 방법을 소상히 일러주고는 인사를 꾸벅하더니 훌쩍 뛰어 사라져 버렸습니다.

나무꾼은 이 이야기를 믿어야 할지 말아야 할지 잠시 고민을 하였지만 노루가 말을 하는 것도 신기한 일이고 보름날 밤에 특별한 일이 있는 것도 아니니 내일 밤 연못으로 가보기로 마음먹었습니다.

다음날 밤이 깊어 자정이 가까워지자 나무꾼은 노루가 말한 연못으로 들어가 바위 뒤로 몸을 숨기고 무슨 일이 일어나는지 지켜보기 시작했습니다. 시간이 지나도 아무도 나타나지 않아 졸립고, 모기에 시달리다 지친 나무꾼이 일어나려는 찰나 머리 위에서 여인들의 웃음소리가 들리기 시작했습니다.

깜짝 놀란 나무꾼이 몸을 숨기자 멀리에서 들리던 웃음소리는 점점 커졌고 한 무리의 아리따운 선녀들이 연못가로 날아서 내려왔습니다. 그녀들은 소곤소곤 무언가를 말하며 저희들끼리 웃고 장난치기도 하고 주변에 사람이 없는지 유심히 살피고는 하나 둘씩 아름다운 날개옷을 벗기 시작하였습니다. 선녀들은 지상의 아녀자들과는 비교가 되지 않을 정도로 하나같이 아름다웠으며, 그녀들이 옷을 벗는 광경을 목격한 나무꾼은 정신이 아찔해질 정도였습니다.

　옷을 다 벗은 선녀들은 바위틈에 날개옷을 잘 개어놓고는 연못으로 들어가 물장난을 치기 시작했습니다. 나무꾼은 **선녀의 옷을 숨길지 말지** 고민하기 시작하였습니다. 예쁜 선녀를 아내로 맞이하기 위해서는 옷을 숨겨야 했지만, 마음씨 착한 나무꾼은 태어나서 한 번도 도둑질을 해 본 적이 없기에 고민이 되었습니다. 하지만 아직까지 자신을 뒷바라지하는 힘 없고 늙은 어머니를 생각하니 하루빨리 결혼해서 예쁜 아기를 낳아 어머니를 행복하게 해 드려야겠다고 생각했습니다. 결심을 굳힌 나무꾼은 눈 앞의 선녀 중 가장 아름답고 앳되어 보이는 선녀의 옷을 골라 나뭇짐에 숨겨놓고 그녀들이 목욕을 다 할 때까지 기다렸습니다.

이윽고 목욕을 마친 선녀 중 한 명이 다급히 얘기했습니다.

"벌써 시간이 이렇게 됐네, 지금 빨리 올라가지 않으면 옥황상제께서 불호령을 내리실거야, 빨리 올라가자꾸나!"

선녀들은 황급히 옷을 주워 입고 하늘로 올라갈 채비를 하였으나 가장 앳된 선녀는 자신의 날개옷을 찾을 수가 없었습니다.

"언니, 제 날개옷이 없어졌어요, 어떡하죠? 날개옷이 없으면 하늘로 올라갈 수가 없잖아요."

앳된 선녀는 울상이 되었으나 다른 선녀들은 늦으면 혼날 것이 두려워 빨리 옷을 찾아 올라오라며 훌쩍 날아가 버렸습니다.

혼자 남은 선녀는 무섭고 어이가 없어 훌쩍훌쩍 울기 시작했습니다. 나무꾼은 노루가 일러준 대로 선녀에게 말을 걸었습니다.

"이보시오. 낭자, 무슨 일로 울고 있는지는 모르지만 이곳은 밤이 되면 들짐승이 출몰하여 위험하니 나와 같이 마을로 내려가지 않겠소?"

지상의 남자가 갑자기 말을 걸어오자 선녀는 놀란 나머지 말을 할 수 없을 정도로 떨기 시작했습니다. 하지만, 자신이 선녀인 것을 숨기기 위해 벗은 몸을 가리고는 침착하게 말했습니다.

"저도 따라가고 싶지만 누군가가 제 옷을 훔쳐가서 움직일 수가 없답니다."

나무꾼은 능청스럽게 노루가 가르쳐준 대로 얘기했습니다.

"마침 내가 장에서 오는 길에 어머니께 드리려고 아낙네의 옷을 한 벌 사온 것이 있는데, 이것이라도 입어보겠소?"

결국 선녀는 나무꾼이 미리 준비한 옷을 입고 나무꾼을 따라 산을 내려오게 되었습니다.

하늘로 올라가지 못한 선녀는 며칠을 나무꾼의 집에 머무르게 되었고, 백방으로 사라진 날개옷을 찾고자 하였지만 나무꾼이 방안 깊숙이 숨긴 옷을 찾을 수 없었습니다. 시간이 지날수록 선녀는 체념하게 되었고, 나무꾼은 선녀가 외롭지 않게 지극정성으로 보살펴 주며, 자신과 혼인할 것을 간청하였습니다. 하늘로 올라갈 날을 점점 기약할 수 없게 되자 선녀는 나무꾼이 자신에게 보여준 여러 행동들에 마음이 흔들리기 시작하였습니다.

또한 그녀는 지상에 아는 사람도 없고 막막하고 무서운 지상세계에서 살아갈 자신이 없었습니다. 더구나 이미 외갓남자에게 알몸을 보여버린 터라 하늘로 올라간다고 해도 옥황상제인 아버지를 뵐 면목이 없었습니다.

그러나 지금 결혼해버린다면 영영 천상으로 올라가지 못할 것 같아 **나무꾼과의 결혼을 해야 할지** 몹시 고민이 되었습니다.

결국, 마음을 굳힌 선녀는 나무꾼에게 말했습니다.

"저는 사실 하늘에서 내려온 선녀인데 날개옷이 없어져서 하늘로 돌아가지 못하게 되었습니다. 그리고 낭군님에게 제 몸을 보여드렸으니 저는 이제 낭군님이 거두어주시지 않으면 갈 곳이 없습니다. 저를 버리지 말아주세요…."

나무꾼은 노루가 계획하여 일러준 대로 일이 진행되자 크게 기뻐하며 그날 밤 선녀를 아내로 맞이하였습니다.

그 후로 몇 년 동안 선녀와 나무꾼은 행복한 나날을 보냈습니다. 선녀는 가난한 살림이지만 홀어머니를 모시며 열심히 집안일을 했고, 그 사이 아이도 두 명이나 생기게 되었습니다.

그러던 어느 날 나무꾼은 시름에 잠긴 선녀를 보게 되었습니다. 요즘 들어 시름에 잠겨 하늘을 보고 있는 횟수가 늘어 걱정스럽던 차에 나무꾼이 이유를 물었습니다.

"사실은 제가 살던 천상(天上)이 그리워요. 옥황상제이신 아버님도 그립고 언니들이 너무 보고 싶어요."

나무꾼은 낯선 곳에서 고생하는 아내가 측은하기도 했고 그녀의 깊은 눈에 고인 눈물에 마음이 흔들렸습니다. 그날 밤 나무꾼은 선녀에게 사실을 얘기하기로 결심하고 그녀에게 지난 모든 이야기를 했습니다. 선녀는 화도 내지 않고 조용히 듣고 있더니 나무꾼에게 말했습니다.

"이미 지난 일을 어쩌겠습니까. 이것도 인연이라면 인연이겠지. 그리고 이미 두 아이의 어머니가 되었으니 이 운명을 되돌릴 수는 없겠지요. 다만…."

선녀는 나무꾼에게 감춰둔 날개옷을 한 번만 보고 싶다고 졸랐습니다. 그러나 노루가 마지막으로 나무꾼에게 신신당부했던 말은 아이를 셋 낳기 전에는 절대로 날개옷을 보여주지 말라는 것이었습니다. 어여

뻔 부인이 간청을 하자, 착한 나무꾼은 몇날 며칠을 뜬눈으로 밤을 지새우며 **날개옷을 주어야 할지 말아야 할지** 고민하기 시작했습니다. 괜히 부인에게 날개옷을 보관하고 있다고 말한 것을 후회하며 스스로를 자책도 하고, 날개옷을 보고 싶다고 눈물 짓는 부인을 보자니 가엾은 마음도 생겼지만 나무꾼은 설사 지금 날개옷을 보여준다고 해도 아내 역시 자포자기한 듯하여 도망가거나 할 것 같진 않다는 생각이 들었습니다. 또한 도망간다고 해도 끔찍이 예뻐하는 아이들을 놓고 가진 않을 것이라는 판단에 날개옷을 보여주기로 결심했습니다.

"그럼 딱 한 번만 보는 것으로 합시다. 나는 이제 당신이 없으면 살 수가 없소…."

나무꾼은 옷장 깊숙한 곳에 숨겨놓은 날개옷을 꺼내어 선녀에게 보여주었고 선녀는 눈물을 흘리며 자신의 날개옷을 하염없이 바라보았습니다. 그날 밤 선녀는 날개옷을 입고 하늘로 다시 올라갈 수 있다는 희망에 기뻐했으나, 한편으로는 잠든 나무꾼의 얼굴을 보며 한숨 지었습니다. 그동안 지극정성으로 자신을 보살펴주고 남편과 아이들의 아버지로서 헌신적인 생활을 했던 나무꾼이었기에 차마 맘 놓고 떠날수도 없었던 것이었습니다. 선녀는 날개옷과 남편의 얼굴을 번갈아 보면서 눈물 지으며 뜬눈으로 밤을 지새웠습니다.

다음날 나무꾼이 날개옷을 다시 옷장 깊숙이 숨겨놓고 새벽같이 나무를 하러 산에 갔다오니 선녀는 이미 날개옷을 꺼내 입고 두 아이를 양쪽

팔에 안고 날아갈 준비를 하고 있었습니다. 깜짝 놀란 나무꾼은 그녀에게 소리쳤습니다.

"여보, 가지 마시오! 당신 없이 어떻게 살라고!"

선녀는 나무꾼의 탄식에 하늘로 올라가야 할지 지상에 남을지 잠시 고민하는 듯하였으나 결국 무심히 하늘로 올라가 버렸습니다.

나무꾼은 너무 허탈해 며칠 동안 일도 하지 않고 시름시름 앓고 있다가 문득 전의 그 말하는 노루가 생각났습니다. 그는 허겁지겁 산으로 올라가 노루를 찾기 시작했습니다. 며칠이 지나 어느 깊은 산골짜기에서 노루를 만나자, 그는 노루에게 자초지종을 설명하고 도움을 청했습니다.

"그러게 제가 아이를 셋 낳기 전엔 절대로 날개옷을 보여주지 말라고 말씀드렸지 않았습니까! 나무꾼님이 굴러들어온 복을 제 발로 차신 것이니 어쩔 수 없습니다."

단호히 말하는 노루에게 나무꾼은 눈물을 흘리며, "나는 처자식이 없으면 살 수 없고 이 자리에서 죽어버리겠다"고 떼를 쓰자 노루는 어쩔 수 없다는 듯 말했습니다.

"어쩔 수 없군요…. 하지만 이번이 마지막입니다. 더는 천기를 누설할 수 없습니다."

노루의 말은 이러했습니다.

전의 날개옷 절도사건이 있은 이후로 선녀들의 지상목욕이 엄격히 금지되어 선녀들은 보름에 한 번, 긴 줄이 달린 두레박을 내려 연못에서 물을 길어다 목욕을 하니 선녀들이 두레박을 끌어 올릴 때 그 두레박을 타고 하늘로 올라가라는 것이었습니다. 노루는 "다시는 찾지 말라."는 말과 함께 어디론가 훌쩍 사라졌습니다. 나무꾼은 더 이상 지체할 이유가 없었습니다. 보름이 되기를 기다려 노루가 얘기한 대로 연못에 두레박이 내려오자 그것을 타고 천상으로 올라갔습니다. 나무꾼이 천상으로 올라가자 천상은 발칵 뒤집어졌으나 천상 공주이자 선녀의 남편이었던 그를 내칠 수도 없어, 나무꾼은 천상의 법도대로 천상에서 선녀와 함께 살게 되었습니다.

그러나 마냥 행복할 줄만 알았던 나무꾼은 시간이 흐를수록 지상에 홀로 두고 온 노모가 걱정이 되기 시작했습니다. 예전에 자신이 그러했듯이 한숨 짓는 남편을 보기 힘들었던 선녀는 옥황상제에게 간곡히 부탁해 나무꾼이 단 한 번만 지상에 내려갔다 올 수 있도록 방법을 마련했습니다.

그 방법은 나무꾼에게는 날개가 달린 천마가 주어졌는데, 그것을 타고 내려가 노모를 보고 오되 나무꾼은 이미 하늘의 사람이니 천마에서 내려 몸이 땅에 닿으면 더 이상 하늘로 올라올 수 없다는 것이었습니다. 나무꾼은 황급히 천마를 타고 고향집으로 내려가 노모와 상봉했습니다. 그는 어머니에게 상황을 설명하고 아쉬운 작별을 고했습니다. 노모는 아들을 보내기가 섭섭하여 마지막으로 아들이 좋아하는 팥죽이라도 한 그릇 먹고 가라고 간청하며 그에게 팥죽을 한 그릇 쑤어 주었습니다. 나무꾼은 말에서 내리지 않은 채로 뜨거운 팥죽을 그릇채 들고 마시다 팥죽을 조금 흘렸는데, 그것이 하필 천마의 등에 떨어졌습니다. 뜨거운 팥죽에 데인 천마는 깜짝 놀라 껑충껑충 뛰었고 그 바람에 나무꾼은 중심을 잃고 땅으로 떨어졌습니다. 물론 주인을 잃은 천마는 그 길로 하늘로 올라가버렸지요.

결국 나무꾼은 다시는 하늘로 올라갈 수 없게 되어버렸습니다. 다시 노루를 찾으려고 온 산을 헤맸지만 노루를 찾을 수 없었고 나무꾼은 하루하루 하늘을 보고 처자식을 그리워하며 울었습니다. 하늘을 보며 매일매일 목청껏 울던 그는 어느 순간 닭이 되었고, 그 이후로도 지금까지 하늘을 보며 울고 있습니다.

03

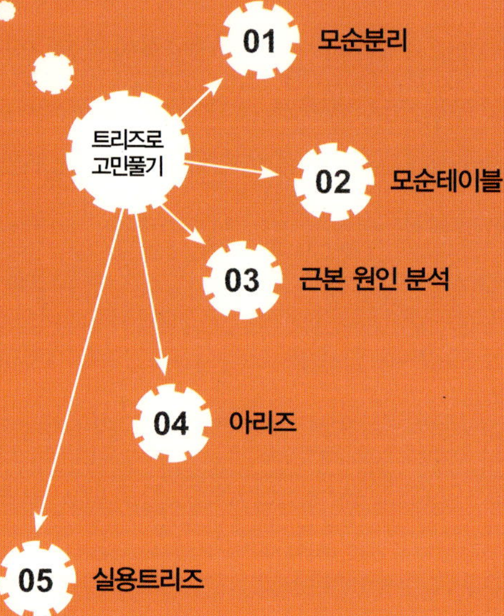

트리즈로
고민풀기

CHAPTER 1

모순분리

신한은행 홍성훈
신한은행 트리즈 Cop
前 신한은행 전자금융부
前 신한은행 FSB연구소
前 신한종합연구소
MATRIZ Level 3

모순분리에 의한 문제해결법
모순상황으로 갈등풀기

트리즈는 많은 사람들에게 모순을 극복하는 **'창의적 문제해결 방법론'**이라고 평가 받는다. 왜냐하면, 트리즈에서 '이러지도 저러지도 못하는 상황'을 모순이라고 하는데, 사람들은 대부분 모순상황에 직면하면 개선을 포기하고 상황에 순응하지만, 트리즈는 이 모순을 극복하는 방향으로 창의적 문제해결 방안을 찾기 때문이다.

알트슐레르는 1998년 사망할 때까지 그의 동료들과 함께 수백만 건 이상의 특허를 분석하는 과정에서 창의적이라 할 수 있는 수준 3과 수준 4의 특허들은 모순을 극복한다는 공통점을 발견하였다.

알트슐레르는 **"어려운 문제에는 모순이 존재하고, 이 모순을 해결할 때 진정한 혁신을 이룰 수 있다"**고 하였다. 그리고 초기에 특허라는 자연과학 분야에서 시작된 트리즈는 이후 비즈니스, 공공업무 등 인문과학 분야까지 적용이 확산되며 이러지도 저러지도 못하는 모순 문제의 해결책을 제시하고 있다.

트리즈에서는 모순이 매우 중요한데, 알트슐레르의 연구에 의하면 어려운 문제에는 다음의 두 가지 모순이 나타난다.

- 기술적 모순(Technical Contradiction; 이하 TC로 표기함)
- 물리적 모순(Physical Contradiction; 이하 PC로 표기함)

기술적 모순(TC)이란 어떤 문제 상황에서 특성 A가 좋아지면, 다른 특성 B가 나빠지는 상황을 말한다. 두 인자 사이에 마치 시소와 같은 상반관계(trade-off) 효과가 발생하는 모순이다. 자동차의 연비와 출력과의 관계를 보면 연비를 개선하면 출력이 떨어지고, 출력을 개선하면 연비가 나빠지는 모순이 대표적 기술적 모순의 사례이다. 기술적 모순은 비즈니스 등 비기술 분야에서도 많이 나타나는데, 증권이나 새로운 비즈니스에 투자할 때 수익성을 높이려면 위험이 증가되고, 위험을 줄이려면 수익성이 저하되는 모순이 발생한다. 또 은행 등에서 상품 판매를 위한 마케팅활동 강화(실적)와 신속한 업무처리(고객대기시간) 사이에도 기술적 모순이 발생하는데, 고객 불만을 줄이기 위하여 고객 대기시간을 줄이면 창구마케팅이 제대로 이루어지지 않아 실적이 줄고, 상담시간을 늘리는 창구마케팅을 강화하면 판매실적은 늘지만 고객대기시간이 늘어나 고객 불만이 늘어난다는 모순이 발생한다.

물리적 모순(PC)이란 동일한 특성이 상황에 따라 상충되어야 하는 것으로, 시스템의 한 특성이 높아야 함과 동시에 낮아야 하고, 있어야 함과 동시에 없어야 하는 모순이다. 무척 어렵게 들리는데, 일상을 둘러보면 이런 경우가 참 많다. 이것은 특성 A가 다른 특성 B를 개선하기 위해선 +A(高)가 되어야 하는데, 또 다른 특성 C를 개선하기 위해선 −A(低)가 되어야 하는 상황이다. 남자들은 매일 아침 면도를 해야 하는데, 면도기의 날(A)은 면도성능(B)을 높이기 위해 날카로와야(+A) 하고, 피부가 베이는 것을 방지하기(C) 위해선 무뎌야(−A)하는 상황이다. [면도기의 날은 날카롭기도 하고 무디기도 해야 한다]

양복의 옷감(A)도 옷이 가볍고 촉감이 좋고 보온성이 뛰어나려면(B), 실이 가늘어야(+A) 하는데, 구김이 안 생기게 하려면(C) 실이 굵어야(−A) 한다. [실은 가늘기도 하고, 굵기도 해야 한다]

그래서 트리즈에서는 기술적 모순에 대해 40가지 발명원리나 모순 매트릭스와 같은 해결책을 개발하였고, 물리적 모순에 대해서는 분리의 원리를 적용하는 해결책을 찾았다.

그런데, 물리적 모순과 기술적 모순은 서로 동떨어진 별도의 모순이 아니라 하나의 문제 상황에 동시에 존재하는 동전의 양면과 같은 관계가 있다.

앞의 은행사례에서 상품판매를 위한 창구마케팅과 고객대기시간 사이에 기술적 모순이 존재한다고 설명하였는데, 은행에서 창구마케팅을 어떻게 할지 의사결정을 하는 문제에서는 다음과 같은 모순이 도출된다.

즉, 창구마케팅 시간은 늘리기도 해야 하고, 줄이기도 해야 하는 물리적 모순상황이며, 상품판매와 고객대기시간은 서로 충돌하는 기술적 모순상황이다.

기술분야에 있어서는 인간이 신이 아니기 때문에 기술적 특성 간의 인과관계나 상관관계를 모두 알아낼 수 없어 물리적 모순을 찾기 어려운 경우가 많이 있지만, 정치, 경제, 문화, 금융 등 인문과학 분야에서는 그 주체가 인간이기 때문에 인간이 처한 상황에서 발생하는 문제 안의 인과관계는 어느 정도 유추가 가능하다. 즉 비기술 분야의 문제에서는 많이 분석하고 잘 고민하면 문제 상황의 물리적 모순을 어렵지 않게 찾을 수 있다.

벌써 현명한 독자분들은 눈치 채셨을텐데, 비기술 분야에 있어서는 문제 상황에서 보다 쉽게 물리적 모순과 기술적 모순을 도출할 수 있고, 각각의 모순에 대응하는 해결책을 찾을 수 있다는 것이다.

그래서 **많은 트리즈 전문가들은 X자 모델, PC-TC 모델, 나비 모델 등으로 다양하게 불리는 여러 다이어그램을 활용하여 일반적인 비기술 문제에 트리즈를 적용하고 있다.**

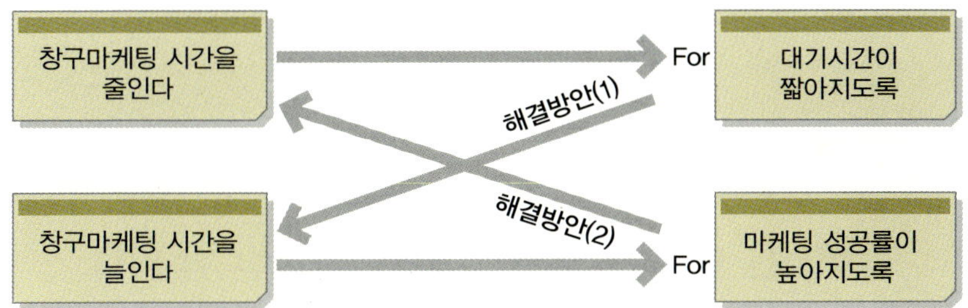

이러한 다이어그램은 트리즈의 본고장인 러시아에서는 오래전부터 많이 있어 왔고, 국내 전문가들에 의해서도 적극적으로 개발, 활용되고 있다.

필자는 이러한 기법을 모순 분리에 의한 문제해결법이라 부르는데, 국내 트리즈 전문가들에 의하면 크게 두 가지 방법으로 다이어그램을 작성한다.

첫 번째 방법은 문제와 문제의 원인을 분리해서 다이어그램을 작성한다.

① 우선 문제와 문제의 원인을 분리하여, 문제를 물리적 모순으로 정의한다.

② 각각의 물리적 모순의 사항에서 그 이유를 풀어나가면 이유가 서로 충돌하고 있는데, 뭔가 문제가 발생하는 원인에 부딪히기 때문이다. 서로 다른 이해, 혹은 서로 다른 목적과 이념이 부딪혔기 때문에 문제가 발생한다. 그래서 각각의 이유는 기술적 모순이 되고, 이러한 기술적 모순을 '문제의 원인'으로 정의할 수 있다.

③ 문제와 문제의 원인을 모순으로 도출할 때 좌측에 문제를 표기하고, 우측에 문제의 원인을 표기하여 다음과 같이 엇갈리게 화살표를 그리면, 그것이 이상적 해결책의 방향이 된다. 어떠한 경우의 어떠한 해결책이라도 이 두 개의 방향에 포함된다.

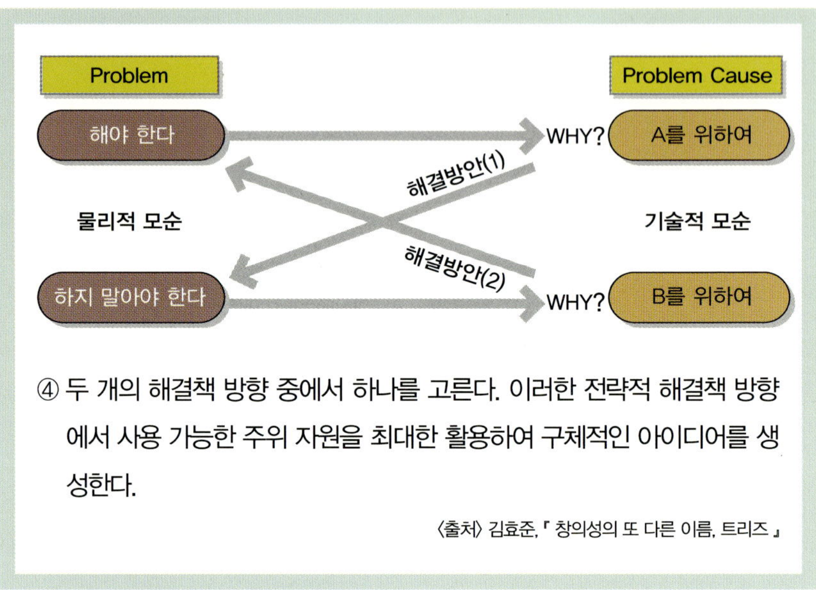

④ 두 개의 해결책 방향 중에서 하나를 고른다. 이러한 전략적 해결책 방향
에서 사용 가능한 주위 자원을 최대한 활용하여 구체적인 아이디어를 생
성한다.

〈출처〉 김효준, 『 창의성의 또 다른 이름, 트리즈 』

두 번째 방법은 문제해결을 위한 수단과 목적을 통해 공동목표를 도출
하고 다이어그램을 작성한다.

① 우선 문제 상황에서 문제해결을 위한 수단(방법)을 물리적 모순으로 정
의하면 서로 갈등 상황으로 표현된다.

② 각 해결수단(방법)의 목적을 기재하고, 그 목적을 모두 아우르는 공동목표
를 작성한다. 이때 문제해결의 목적은 서로 충돌하여 기술적 모순으로 나
타난다.

③ 문제해결 수단(방법), 목적, 공동목표를 도출하면 맨 우측부터 문제해결
수단(방법), 목적, 공동목표를 표기하여 상호간 화살표를 표기한다. 그리
고 이 상황의 해결방향은 수단과 목적 사이에 X자로 엇갈리게 화살표를
그려 나타낸다.

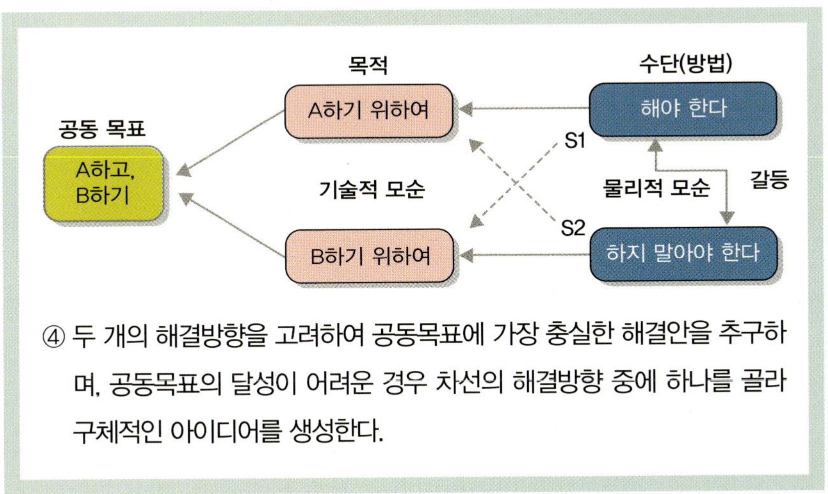

④ 두 개의 해결방향을 고려하여 공동목표에 가장 충실한 해결안을 추구하며, 공동목표의 달성이 어려운 경우 차선의 해결방향 중에 하나를 골라 구체적인 아이디어를 생성한다.

두 번째 방법은 김익철에 의해 고안되어 현재 (사)한국트리즈협회를 중심으로 많이 사용되는데, 본서에서는 후자의 다이어그램으로 모순 분리에 의한 문제해결법을 찾아나간다.

나무꾼은 순간 멍했다.

'노루가 사람 말을 하다니….'

그리곤 다시 앞을 보니, '말을 하는 노루가 사냥꾼에게 쫓기고 있으니 사냥꾼에게 잡히면 노루가 죽겠구나'하는 생각이 들었다.

그래서 일단은 노루를 나무 뒤에 숨겨주었다.

또한 한편으로는 나는 나무를 하고 생계를 이어가듯이 사냥꾼도 사냥해서 동물을 잡아야 가족을 먹여살릴 수 있는 고달픈 가장일거라는 생각이 들어 노루를 숨겨주면 안될 것 같았다.

'아! 사냥꾼들은 사냥을 위해 활이나 칼을 가지고 다니고 성격도 거칠텐데, 괜히 숨겨 주었다가 행패라도 부리면 어쩌지!'

나무꾼은 덜컥 겁이 났다.

'하지만 노루의 위치를 알려주면 노루는 잡혀 죽을텐데!'

이렇게 순간적으로 여러 가지 생각이 떠오르자 나무꾼은 고민에 빠진다.

노루를 숨겨주자니 사냥꾼의 생계와 행패도 두려워지고, 숨긴 노루를 사냥꾼에게 알려주자니 노루가 죽게 생긴 것이다.

'사냥꾼이 나타나기 전에 결론을 내려야겠다.'

나무꾼은 작대기를 들어 땅바닥에 현재의 고민을 그려본다.

나무꾼의 고민은 숨겨준 노루를 사냥꾼에게 알려주어야 할지 말아야 할지 갈등이며[PC], 이것은 사냥꾼의 생계를 도모할지(또는 사냥꾼의 행패를 피할지) 노루의 생명을 구할 지의 갈등[TC]인 것이다.

나무꾼은 우선 크게 두 갈래로 해결책을 구하기 시작한다.

- **방향 1 : 숨긴 노루의 위치를 알려주지만, 노루의 생명을 구하자.**
- **방향 2 : 노루의 위치를 알려주지 않고, 사냥꾼의 생계를 도모하자(또는 사냥꾼의 위협을 피하자).**

이렇게 크게 생각의 방향을 정하자 여러 가지 방안이 떠오르기 시작한다.

첫째, 숨긴 노루의 위치를 알려주지만, 노루의 생명을 구하는 방법으로는

1) 공간을 분리하여 사냥꾼이 따라가지 못할 곳에 노루를 숨기고 위치를 알려주면 될 것 같았다. 마침 나무 뒷편에는 낭떠러지 옆 벼랑길이 있어 사람이 다닐 수는 없으나 노루 같은 들짐승은 뛰어 다닐 수 있는 길이 있었다. 그리고 저 뒤에 동굴 바위틈으로 노루가 숨어 들어가면, 사냥꾼은 화살도 쏠 수 없고 건장한 체격으로는 동굴 바위틈으로 들어갈 수도 없을 것이다.

2) 시간을 분리하여 숨겨 준 노루를 저 숲 안쪽으로 달려가게 하고, 사냥꾼이 나타나면 노루가 도망간 곳을 바로 알려줄게 아니라, 나무 위로 올라

가 잔가지를 치면서 나무하기를 계속하면서 천천히 알려주면 사냥꾼이 노루를 놓치게 될 것이다. 또 한편으로는 전체와 부분을 분리하여 노루가 도망간 숲은 알려주되 정확한 방향을 알려주지 않는다면, 사냥꾼이 노루를 놓치게 될 것 같았다.

둘째, 노루의 위치를 알려주지 않고, 사냥꾼의 생계를 도모하는(또는 사냥꾼의 위협을 피하자) 방안으로는

3) 사냥꾼에게 숨겨준 노루 대신, 사냥꾼이 모르는 다른 유익한 정보를 제공하면 사냥꾼도 만족할 것 같았다. "노루는 보지 못했지만, 좀 전에 그 귀한 웅담을 가진 곰이 반대 산으로 뛰어갑디다. 글쎄, 그 산에는 산삼도 많다던데…."라고 말하기로 했다.

한편 나무꾼은 모든 갈등이 노루가 사람 말을 할 줄 안다는데서 출발하였다는 것을 깨닫고는, 문제를 없애는 것으로 갈등을 정리하는 방법도 떠올랐다.

4) 노루가 나무꾼에게 말을 걸어와 문제가 시작되었고, 다시 나무꾼이 사냥꾼에게 무엇이든 말을 해야 하는 상황이 문제가 되므로 나무꾼이 노루의 말을 알아듣지 못하거나, 사냥꾼에게 말을 못하면 문제가 없어지게 된다.

즉, 사냥꾼이 나타나면 나무꾼이 벙어리나 바보시늉을 하여 사냥꾼과

대화를 하지 않으면 사냥꾼은 나무꾼에게 노루의 행방 묻기를 포기할
수 밖에 없고, 갈등이 종료되는 것이다.

숨긴 노루의 위치를 알릴지 말지(노루를 살릴지 죽게 내버려
둘지) 나무꾼의 고민을 토대로 모순도를 작성하면 아래와 같은
모순도가 나온다. 여기서 물리적 모순과 기술적 모순을 조합하여 노루도
살리고, 사냥꾼의 생계도 구하는 방향으로 여러가지 해결안을 모색할 수
있다.

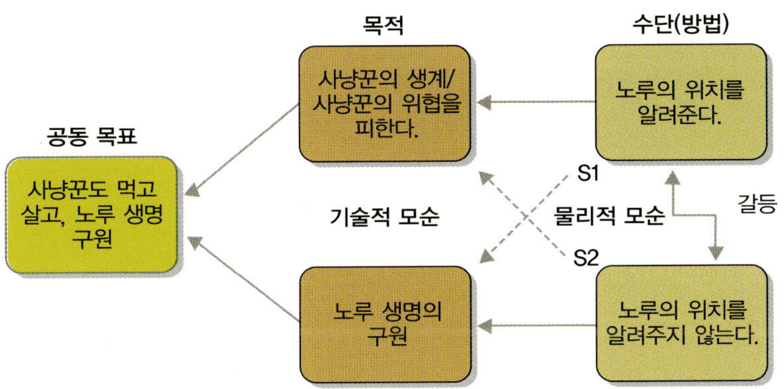

단순히 사냥꾼의 생계를 위해(위협을 피해) 노루의 위치를 알려주거나, 노
루의 생명을 구하기 위해 노루의 위치를 알려주지 않는다고 갈등을 피해버
리면 좋은 해결안이 나오지 않는다.

모순이라는 갈등상황을 뛰어넘으려 할 때 더 다양한 해결안이 모색된다.

* 노루가 사람처럼 말하는 게 괴이하여, 다시 다음과 같은 갈등에 빠졌다.

'노루가 말을 하네, 그럼 이 노루가 잡히게 해야 하나 안 잡히게 해야 하나?'

노루를 숨겨주고 사냥꾼에게 숨은 위치를 가르쳐 주지 말라는 노루의 부탁을 들어주면 말하는 괴이한 노루는 안 잡히게 되고, 노루의 부탁을 안 들어주면 말하는 노루가 죽게 생겼다.

나무꾼이 다시 한 번 생각을 정리하자, 이것은 (숨겨주고, 숨은 위치를 가르쳐주지 말라는) 노루의 부탁을 들어줄지 말지의 갈등[PC]이고, 노루의 생명을 구할지 노루를 잡히게 할지의 갈등[TC]이었다.

역시 이 문제에 대해서도 나무꾼은 두 갈래로 생각의 방향을 잡아

  – 방향 1 : 노루의 부탁을 들어주고, 노루가 잡히게 한다.
  – 방향 2 : 노루의 부탁을 들어주지 않고, 노루의 생명을 구한다.

첫째, 노루를 숨겨주고 사냥꾼에게 숨은 위치를 가르쳐 주지 말라는 노루의 부탁을 들어주고, 노루가 잡히게 하는 방법으로는

1) 노루를 숨겨주었다가, (노루를 죽일) 사냥꾼이 아닌 다른 사람(서커스사업자, 노루를 애완으로 키울 애호가)에게 노루가 잡히게 한다.

2) 노루를 숨겨주었다가 나무꾼이 말하는 노루를 잡아버린다.

둘째, 노루의 부탁을 들어주지 않고, 노루의 생명을 구하는 방법으로는

3) 사냥꾼이 오면 노루의 숨은 위치를 말하되 나무꾼이 벙어리나 바보시늉

을 하여, 사냥꾼이 못 알아듣게 커뮤니케이션을 단절하여 사냥꾼이 포기하게 한다.

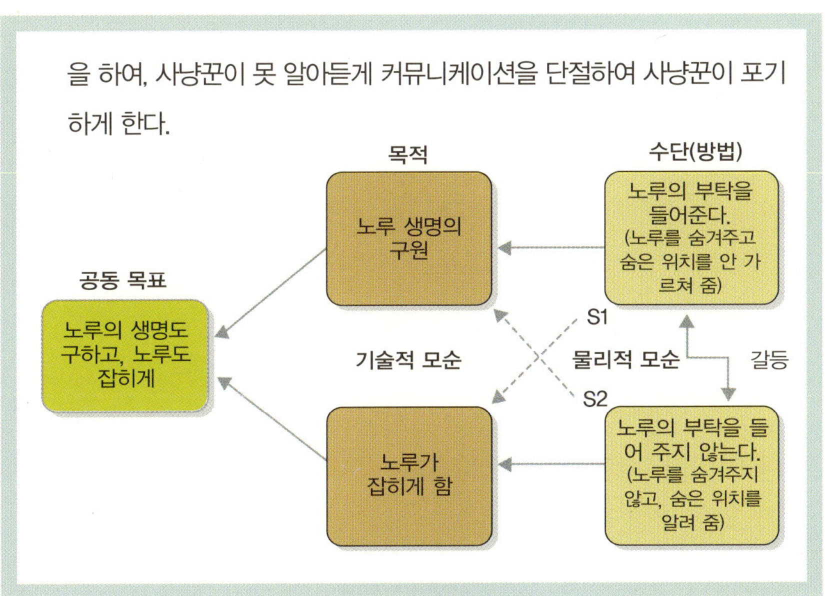

노루를 쫓던 사냥꾼이 다른 산으로 가버리자, 나무숲에 숨었던 노루가 나와 다시 말을 하기 시작한다.

"나무꾼님, 제 목숨을 구해주셔서 고맙습니다. 나무꾼님의 은혜에 대한 보답으로 선녀님들이 하늘에서 내려와 목욕하는 선녀탕을 알려드릴테니, 이번 보름날 밤에 선녀님들이 목욕하실 때, 제일 마음에 드는 선녀님의 날개옷을 감췄다가 선녀님과 결혼하세요. 그리고 결혼하시면 절대로 아이를 셋 낳을 때까지는 날개옷을 선녀님에게 보여주시면 안되요!"

노루가 알려준 대로 보름날 밤에 선녀탕에 가보니, 정말 하늘에서 선녀님들이 내려와 날개옷을 한쪽에 벗어서 접어두고는 목욕을 하는 것이다.

선녀탕에서 목욕하는 선녀들과 한쪽에 놓인 날개옷을 보자 나무꾼은 갈등이 생겼다. 노루가 날개옷을 감추고 아이를 셋 낳을 때까지 보여주지 말라 했는데, 남의 옷을 감추고 보여주지 않는 것은 결국 날개옷을 훔치게 되는 것이다.

선녀와 결혼하기 위해서는 천상에 가지 못하도록 날개옷을 훔쳐야 하고, 가난하지만 정직하게 살아온 나무꾼이 도둑이 되지 않으려면 날개옷을 훔치지 말아야 하는 갈등 상황이 되었다. 즉 선녀옷을 훔치거나 훔치지 말아야 하는 갈등[PC] 상황이 되고, 선녀가 천상으로 못 가게 하고 나무꾼이 도둑이 되지 말아야 하는 갈등[TC] 상황이 되었다.

나무꾼은 잠시 생각에 잠긴다. 노루 덕에 선녀와 결혼할 수 있는 절호의 기회에서 맞닥뜨린 갈등. 나무꾼은 갈등을 두 가지 방향으로 나눠서 풀기 시작한다.

– 방향 1 : 선녀옷을 훔치고, 도둑이 되지 않는다.
– 방향 2 : 선녀옷을 훔치지 않고, 선녀가 천상에 못 가게 한다.

이렇게 크게 생각의 방향을 정하자, 여러 가지 방안이 떠오르기 시작한다.

첫 번째, 선녀옷을 훔치고 도둑이 되지 않는 방법으로는

1) 우선 시간을 분리하여 지금은 없고, 나중에 있게 하면 된다. 즉 지금 보름날 밤에는 날개옷을 감추었다가 내일이나 모레 밤에 다시 이곳에 날개옷을 가져다 놓으면 목욕을 하던 선녀는 하늘로 올라갈 수 없고, 나무꾼도 훔쳐간 것이 없으므로 도둑이 되지 않는다.

2) 공간을 분리하여 선녀가 선녀옷을 못 찾게 다른 장소로 옮겨 버리면 된다. 바위 위에 다소곳이 놓여진 날개옷을 살짝 물 위로 떨어뜨려, 흐르는

물살에 날개옷이 하류로 떠내려가게 하면 목욕을 하던 선녀는 하늘로 올라갈 수 없고, 나무꾼도 훔쳐간 것이 없으므로 도둑이 되지 않는다.

3) 조건을 바꿔서 다른 사람(제3자)이 선녀옷을 훔치게 하고, 나무꾼은 선녀가 입을 새 옷만 전해주는 역할을 하면, 목욕을 하던 선녀는 하늘로 올라갈 수 없고, 나무꾼도 훔쳐간 것이 없으므로 도둑이 되지 않는다. 나무꾼인 노총각 아들을 결혼시키고 싶은 노모(장차 시어머니)를 선녀탕에 모셔와서 선녀옷을 대신 가져오게 하면 된다.

두 번째, 선녀옷을 훔치지 않고 선녀가 천상에 못 가게 하는 방법으로는

4) 선녀옷의 기능(천상에 올라가기)을 없애 버리는 것이다. 선녀옷이 없으면, 혹은 선녀옷의 특정 기능이 없으면 하늘로 올라갈 수 없으므로 밤에 불을 내서 옷을 태워버리거나, 날개옷을 짐승이 물어가게 해서 찢어버린다. 혹은 선녀옷 중에 옷고름이나 날개부분을 잘라버린다.

나무꾼의 고민 선녀옷을 훔칠지 말지(선녀를 천상에 못 가게 할지, 도둑이 안 되게 할지) 나무꾼의 고민을 토대로 모순도를 작성하면 다음과 같은 모순도가 나온다. 여기서 물리적 모순과 기술적 모순을 조합하여 선녀도 천상에 못 가게 하고, 나무꾼도 도둑이 되지 않는 방향으로 여러 가지 해결안을 모색할 수 있다.

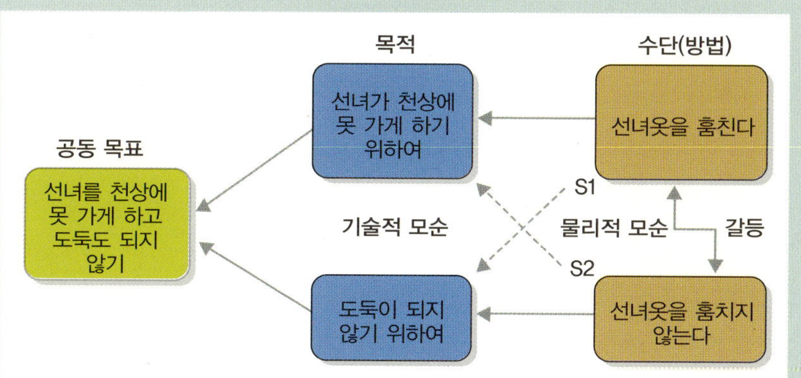

단순히 선녀가 천상에 못 가게 하기 위해 선녀옷을 훔치거나, 도둑이 되지 않기 위해 선녀옷을 훔치지 않는다고 갈등을 피해버리면 좋은 해결안이 나오지 않는다.

모순이라는 갈등상황을 뛰어넘으려 할 때 더 다양한 해결안이 모색된다.

그동안 선녀와 행복한 결혼생활을 이어온 나무꾼에게 새로운 갈등이
생겼다. 선녀가 천상으로 올라가지 못하게 노루의 당부("결혼하시면 절
대로 아이를 셋 낳을 때까지는 날개옷을 선녀님에게 보여주시면 안돼
요")를 따르기 위해선 아이 3명을 낳을 때까지 선녀옷을 보여주면(입어
보게 하면) 안 되고, 천상세계에 대한 향수병에 빠져 선녀옷을 다시 보
고 싶고, 입고 싶어하는 선녀의 욕구를 충족시키기 위해서는 아이를 3
명 낳기 전이지만 선녀옷을 보여주어야 하는 갈등이 생긴 것이다.

이제 나무꾼은 노루의 당부도 지킬 수 있고, 선녀의 향수병도 치료해
줄 묘안이 필요하게 되었다.

나무꾼은 다시 머릿속으로 현재의 상황을 정리했다. 현재의 갈등은
아이를 2명만 낳은 상태에서 선녀옷을 보여줄지(아이를 3명 낳기 전에

보여준다), 말지(아이를 3명 낳은 후에 보여준다)의 갈등이며[PC], 노루의 당부를 따를지, 선녀의 향수병 욕구(선녀옷을 보고/입고 싶은 욕구)를 충족시켜 줄지의 갈등[TC]이었다.

나무꾼은 또 다시 두 가지 방향으로 해결책을 구하기로 한다.

- 방향 1 : 지금 선녀옷을 보여주지 말고(아이를 3명 낳은 후에 보여주고), 선녀옷을 보고/입고 싶은 욕구(천상에 대한 향수, 선녀옷에 대한 향수)를 충족시켜 준다.
- 방향 2 : 지금(아이를 3명 낳기 전)에 선녀옷을 보여주고, 노루의 당부(선녀옷을 입히지 말라)를 따른다.

이렇게 크게 생각의 방향을 정하자, 여러 가지 방안이 떠오르기 시작한다.

우선 지금 선녀옷을 보여주지 말고(아이를 3명 낳은 후에 보여주고), 날개옷을 보고 입고 싶은 욕구(천상에 대한 향수, 선녀옷에 대한 향수)를 충족시켜 주는 방안으로는

1) '복사'의 발명원리를 응용하여, 진짜 선녀옷은 아이를 3명 낳은 뒤에 보여주고, 그전엔 선녀옷과 똑같은 모양의 일반 옷(날개옷의 기능이 없는 옷)을 보여주고 입게 한다. 그렇게 하면 짝퉁 선녀옷을 통해 선녀시절에 대한 향수를 충족할 수 있지만, 천상으로 올라가는 기능이 없으므로 근본적인 문제를 해결할 수 있다.

둘째, 지금(아이를 3명 낳기 전) 선녀옷을 보여주고, 선녀가 천상으로 올라가지 못하게 노루의 당부를 따르는 방안으로는

2) 노루가 당부한 내용의 핵심은 아이를 3명 낳기 전에는 선녀가 선녀옷을 입지 못하게 하는 것이므로, 선녀가 선녀옷을 볼 수만 있고 입을 수 없게 만드는 것이다.

예를 들면, 선녀가 선녀옷을 다시 입을 수 없게 다른 사람(제3자)이 입고 있는 선녀옷을 보여준다. 즉 선녀옷을 다른 사람에게 팔거나 선물로 주어 반환불가 상황에서 선녀옷을 다른 사람이 입고 있는 모습을 보여주는 것이다.

또는 선녀의 손이 닿지 않는 곳에 선녀옷을 두어 볼 수는 있지만 입을 수는 없게 한다. 이를테면 박물관의 유리전시실 안에 넣으면 볼 수는 있으나 손댈 수는 없다.

<table>
<tr><td>나무꾼의
고민</td><td>선녀옷을 지금 보여줄지 말지(노루의 당부를 따를지, 선녀가 선녀옷을 보고/입고 싶은 욕구도 충족할지) 나무꾼의 고민을 토대로 모순도를 작성하면 다음과 같은 모순도가 나온다. 여기서 물리적 모순과 기술적 모순을 조합하여 노루의 당부도 따르고 선녀가 선녀옷을 보고/입고 싶어 하는 욕구도 충족시키는 방향으로 여러 가지 해결안을 모색할 수 있다.</td></tr>
</table>

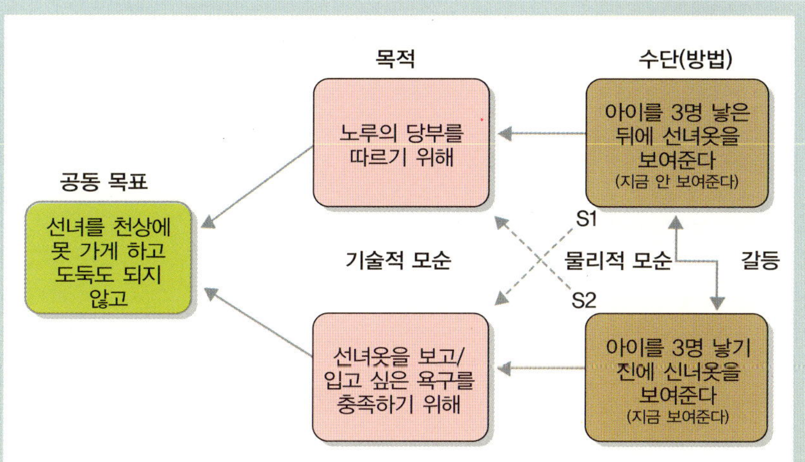

단순히 노루의 당부를 따르기 위해 지금 선녀옷을 보여주지 않거나, 선녀가 선녀옷을 보고/입고 싶어 하는 욕구를 충족시키기 위해 지금 선녀옷을 보여준다고 갈등을 피해버리면 좋은 해결안이 나오지 않는다.

모순이라는 갈등상황을 뛰어넘으려 할 때 더 다양한 해결안이 모색된다.

요 며칠 천상에 대한 향수병으로 선녀날개옷 타령을 해서인지, 오늘은 나무꾼님이 일찌감치 일을 마치고 돌아와서 무슨 말을 하려는지 여러 번 망설이다, 잠시 방으로 들어가더니 비단보자기 보따리를 하나 들고 나와서 풀어주었다.

비단보자기 사이에 보이는 것은 지난 몇 년간 애타게 찾았던 나의 선녀날개옷이었다. 수년 전 바로 오늘 선녀탕에 목욕을 하러 내려왔다가 잃어버렸던 바로 그 옷이었다.

그러자, 선녀는 날개옷을 다시 보는 순간 머릿속으로 몇 가지 복잡한 생각이 섬광처럼 지나간다.

'선녀날개옷을 입고 천상으로 올라가면 그리운 천상가족을 만날 수 있을텐데….'

'하지만 선녀날개옷을 입고 천상으로 올라가면 나무꾼님과는 다시 보

기 힘들어진다.'

'선녀날개옷을 입으면 처음에 지상에 왔을 때처럼 혼자 올라가야 하나?'

'선녀날개옷을 입고 지상의 가족과 같이 올라가야 하나?'

보자기를 열며 나무꾼님이 무언가 이야기를 하는데, 나무꾼님의 목소리는 하나도 들리지 않는다. 천상 가족의 얼굴, 나무꾼님의 얼굴, 두 아이의 얼굴이 번갈아 눈에 들어오기 시작하는데….

순간 선녀는 선녀날개옷을 돌려받은 후 하늘로 갈 건지, 나무꾼과 계속 지상에서 살 건지 갈등에 빠진 것이다.

'천상가족과 만나기 위해서는 선녀날개옷을 입고 천상으로 승천해야 하고, 나무꾼님과 두 아이와 계속 같이 살기 위해서는 선녀날개옷을 입고 천상으로 승천해서는 안 된다.'

선녀는 선녀날개옷을 입고 천상으로 승천해야 하고 승천하지 말아야 하는 갈등상황[PC]임을 깨닫자, 현재 가장 좋은 해결방안은 천상가족도 만나고, 나무꾼님/아이들과도 계속 같이 사는 것[TC]으로 다음과 같이 2가지 방향으로 해결책을 구하기로 했다.

- 방향 1 : 선녀옷을 입고 승천한 후 나무꾼님/아이들과 계속 같이 산다.
- 방향 2 : 선녀옷을 다시 입되 승천하지 않고, 천상가족을 만난다.

우선, 선녀옷을 입고 승천한 후 나무꾼님/아이들과 계속 같이 사는 방법은, 선녀옷을 입고 나무꾼님/아이들과 함께 승천하는 것이다.

노루가 당부하길 아이 3명을 낳을 때까지 선녀옷을 돌려주지 말라고 한 것은 선녀가 아이 3명을 모두 안고 승천할 수 없어서인지, 아이 3명을 낳으면 승천하지 않아도 되는지(승천할 수 없는지) 불명확하지만, 현재 아이가 2명이므로 아이 2명을 안고 승천할 수 있다. 만일 선녀가 아이 2명 대신 신랑인 나무꾼을 안고 승천할 수 있고, 승천 후 천상에서 다시 아이를 데려올 수 있는 가능성이 있다면 해결안이 될 수 있다.

다만, 민담의 상황처럼 선녀가 아이 2명을 안고 먼저 승천하였다가, 나중에 나무꾼이 두레박을 타고 올라와 상봉하는 것에 선녀의 역할이 있었다면 민담 속의 주인공들은 좋은 해결방안을 실행한 것이다.

둘째로, 선녀옷을 다시 입고 승천하지 않고, 천상가족을 만나는 해결안은 선녀가 선녀옷을 다시 입고 승천하지 않지만, 선녀옷의 특수한 능력으로 천상과 소통하여 천상의 가족(예 : 옥황상제)이 지상에 오게 하는 것이다.

민담에는 구체적으로 표현되지 않았지만, 선녀날개옷에 천상으로 승천하는 기능 외에 다른 기능이 있다면 그 기능을 활용하는 것이 새로운 해결안이 될 수 있다.

<table>
<tr><td>선녀의
고민</td><td>나무꾼에게 선녀옷을 돌려받고, 천상으로 승천할지 말지(지금 보여줄지 말지, 천상가족과 만날지, 나무꾼과 계속 살지) 선녀의 고민을 토대로 모순도를 작성하면 다음과 같은 모순도가 나온다. 여기서 물</td></tr>
</table>

리적 모순과 기술적 모순을 조합하여 천상에 복귀하면서 나무꾼과 계속 살기 위한 방향으로 여러 가지 해결안을 모색할 수 있다.

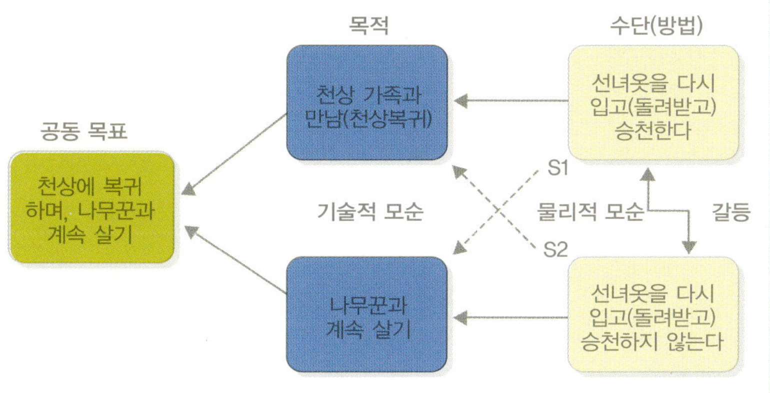

단순히 천상가족을 만나기 위해 승천한다거나 나무꾼과 계속 살기위해 승천하지 않는다고 갈등을 피해버리면 좋은 해결안이 나오지 않는다.

모순이라는 갈등상황을 뛰어넘으려 할 때 더 다양한 해결안이 모색된다.

＊ 다만, 선녀가 천상으로 승천하거나 승천하지 않는 목적이 천상가족과 만나거나 나무꾼과 계속 사는 것 이외의 다른 것으로 설정한다면 새로운 시각의 해결안을 모색할 수 있을 것이다.

예를 들어, 선녀가 승천하지 않게 되는 목적이 나무꾼과 지상가족의 행복을 도모하는 것이라면, 선녀가 승천하면서 나무꾼과 지상가족의 행복을 도모하기 위해 재물을 주고 간다거나 새로운 지상의 배필을 찾아주고 가는 식의 해결방안이 나올 수도 있다.

선녀날개옷을 다시 입고 2명의 자녀와 천상으로 승천한 선녀는 아버지 옥황상제를 찾아가 그동안의 경황을 말씀드리기 시작했다.

"선녀탕에 내려갔던 그날 밤 선녀날개옷을 잃어버려 다른 선녀들은 다 하늘로 올라갔는데, 혼자만 물속에 울고 있었고 친절한 나무꾼님이 옷을 내주어 나무꾼님의 집으로 갔어요. 그날 밤 나무꾼님은 선녀탕에 몸을 오래 담그고 있어서 제 몸이 아플지 모른다며, 나무꾼 어머님의 따뜻한 온돌방에서 같이 자게 해주셨어요. 친절한 나무꾼의 어머님도 제게 친어머님처럼 다정하게 대해 주셨고, 그날은 고단한 하루가 되었으니 푹 자고 일어나서 다음날 문제를 해결하자고 하셨는데, 며칠이 지나도 천상으로 돌아갈 방도는 보이지 않고, 점점 다정한 나무꾼님과 어머님에게 감동하여 나무꾼님과 결혼을 하게 되었어요.

제가 지상에서 나무꾼님과 결혼한 것이 혹여 옥황상제님께 누가 되었을지 모르겠으나, 나무꾼님과의 결혼은 많은 고민을 통해 결정했습니다."

선녀는 당시 상황이 천상에 못 올라가 지상에서 살기 위해 나무꾼과 결혼하거나 천상에 돌아가기 위해 나무꾼과 결혼하지 말아야 하는 갈등의 상황이었는데, 단순히 지상에서 살기 위해 나무꾼과 결혼한 것은 아니라며 다음과 같은 갈등과정과 해결안을 찾은 과정을 설명했다.

선녀의 상황은 선녀날개옷을 잃어버린 채 지상에 외떨어져 나무꾼과 결혼할지 말지의 갈등[PC]이며, 지상에서 살며, 천상으로 돌아갈 수 있는 선택[TC]을 하기 위해 다음 두 가지의 방향으로 해결안을 찾았다.

- 방향 1 : 나무꾼과 결혼하고, 천상으로 돌아갈 방법을 찾는다.
- 방향 2 : 나무꾼과 결혼하지 않고, 좀더 천상의 품격을 지키며 지상에서 살 방법을 찾는다.

선녀는 방향 2의 해결방안처럼 선녀가 천상의 귀한 신분이므로 선녀 신분에 맞는 귀한 사람(왕 등)과 결혼하여 지상에 살았거나, 선녀의 신령한 능력을 발휘하여 나무꾼과 결혼하지 않고 신령한 역할(예 : 무당, 예언가 등)을 하며 혼자 사는 길을 찾을 수도 있었으나, 당시 선녀날개옷을 잃어버린 상황이어서 실제 실행하기가 어려웠다고 설명했다.

대신 선녀는 당시에 선녀날개옷을 잃어버려 바로 천상으로 돌아갈 수 없는 상황이었기 때문에 착한 나무꾼가족을 위해 결혼하고 안정된 생활을 하면서 천상에 올라갈 방도를 찾아 다시 승천하려 했고, 뒤에 다른 선녀자매들에게 도움을 구하기 위해, 선녀탕에도 다녀오고 여러 가지 노력을 했다고, 뒤늦은 승천에 대해 옥황상제에게 용서를 구했다.

선녀날개옷을 잃어버린 채 지상에 외떨어져 나무꾼과 결혼할지 말지, 지상에서 살지 천상으로 돌아갈지 선녀의 고민을 토대로 모순도를 작성하면 아래와 같은 모순도가 나온다. 여기서 물리적 모순과 기술적 모순을 조합하여 지상에서 살며 천상에 돌아가는 방향으로 여러 가지 해결안을 모색할 수 있다.

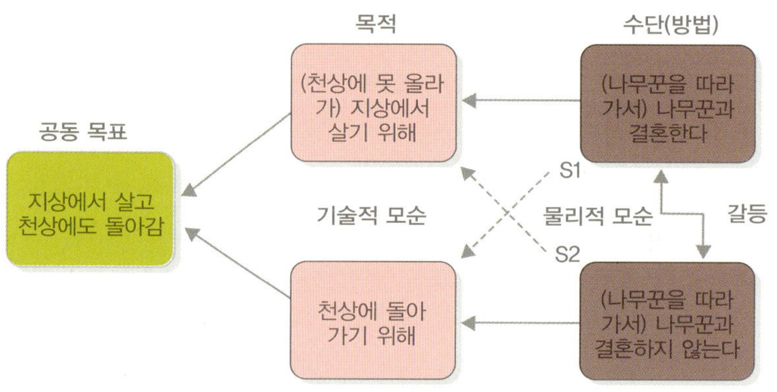

단순히 지상에 살기 위해 나무꾼과 결혼한다거나 천상에 돌아가기 위해 나무꾼과 결혼하지 않는다고 갈등을 피해버리면 좋은 해결안이 나오지 않는다. 모순이라는 갈등상황을 뛰어넘으려 할 때 더 다양한 해결안이 모색된다.

- **국내 트리즈 그룹**(페이스북, http://www.facebook.com/groups/trizgroup/)
국내 트리즈 관심자들의 페이스북 그룹으로, 국내 트리즈 전문가 분들이 많이 가입되어 있다.

- **트리즈 아카데미**(http://www.trizacademy.net/)
'생각의 창의성' 저자인 김효준 대표가 운영하는 트리즈학습 웹사이트. 트리즈의 기본개념과 트리즈에 대한 전빈을 이해하기에 충분한 자료가 공개되어 있어서, 트리즈 입문자나 트리즈에 관심이 있으신 분들은 한 번쯤 시간 내어 둘러보는 것을 추천한다.

- **트리즈 코리아**(http://www.triz.co.kr/TRIZ/frame.html)
트리즈 코리아의 트리즈 자료실로, 알트슐레르의 자료를 웹에서 보기 쉽게 정리해 놓았다(한글 제공).

- **트리즈 클럽**(http://www.trizclub.com)
트리즈 관련 정보와 전문가들의 토론을 통해 트리즈 인식 확대를 위해 설립된 트리즈 중심의 주제 커뮤니티로 다양한 정보를 제공한다.

- **트리즈 저널**(http://www.triz-journal.com/)
The TRIZ Journal은 전 세계적인 트리즈 관련 정보 교류를 위한 플랫폼으로, 1996년 2명의 독자(초기편집자)로 출발하여 현재 월간 80만 명의 독자를 가진 세계 최대의 트리즈 정보 채널이다. 트리즈 개요, 우수사례, 논문, 비즈니스프로세스, 아웃소싱 등을 제공하는 혁신 네트워크로 영문으로 제공된다.

CHAPTER 2

모순테이블

(주) 제주창의혁신센터 김형직

(주) 제주창의혁신센터 대표이사
한국트리즈협회 이사/제주지회장
경영지도사(마케팅분야)
기업·기술 가치평가사
한국과학기술정보연구원 자문위원
MATRIZ Level 3

모순테이블이란?

트리즈로 문제를 해결하는 방법은 다양하다. 저마다 전문가들이 좋아하는 방법이 있고 잘 사용하는 방법이 있으리라 생각한다. 40가지 발명원리만 잘 응용해도 쉽게 풀리는 것이 있는가 하면 ARIZ를 이용할 정도로 어려운 것도 있다.

필자가 초등학생에게 발명교육을 하면서 느낀 점은 이 어린 친구들이 발명원리만 잘 이해하고 응용한다면 곧 잘 좋은 성과를 내곤 한다는 것이다. 물론 지도교사의 도움이 있어 더 좋은 결과를 내기도 하지만, 순전히 혼자 힘으로 아무도 예상 못하는 방법으로 결과를 내는 학생들도 있다. '선녀와 나무꾼'의 이야기를 트리즈로 풀어보자고 했을 때 40가지 발명원리를 기초로 하여 모순행렬표를 이용해 보자는 생각이 들었다. 여기서 필자가 쓰는 모순행렬표는 기술 모순행렬표가 아닌 비즈니스 모순행렬표를 이용하였다. '선녀와 나무꾼'의 이야기 자체가 기술이 아닌 관계로 **비즈니스 모순행렬표**에서 답을 찾기로 하였다.

모순행렬표에는 두 종류가 있다. 기술과 비즈니스 두 부분으로 나뉜다. 초기에 트리즈의 창시자인 겐리히 알트슐레르와 그의 연구팀이 기술분야에서 주로 사용하게 되는 모순행렬표를 만들게 된다. 여기에 영국 배스대학교의 다렐 만(Darrell Mann)이 39가지 기술용 파라미터를 31가지의 비즈니스용 파라미터로 바꾸면서 비즈니스 모순행렬표가 나오게 된다. 지금은 수정 보완되어 35가지의 파라미터를 가진 모순행렬표가 나오며, 여기서는 비즈니스 모순행렬표를 이용하는 것이므로 꼭 유념하기를 바란다.

모순행렬표를 이용하기 위해서는 모순도를 작성해야 하는데, 이 모순도는 트리즈를 이용하여 문제를 해결하기 위해서는 기본적으로 진행해야 하는 과정이다. 이 모순도에서 모순을 찾아내면 이것을 모순행렬표에 있는 가장 알맞은 파라미터와 연결하면 된다. 이렇게 하여 서로 행과 열이 만나는 셀에 있는 발명원리를 이용하면 된다. 하지만 좀 어렵게 느껴지는 것은 모순과 모순행렬표의 파라미터 연결이다. 사람의 관점에 따라 파라미터 연결이 다르게 보이기도 하는데, 이것은 문제를 어떻게 보느냐의 차이에서 비롯된다. 따라서 어느 파라미터가 정답인지 따지는 것은 불필요하다. 왜냐하면 모순행렬표가 없어도 40가지 발명원리를 그대로 적용하면 문제를 해결할 수 있기 때문이다. 다른 것이 있다면 40가지 발명원리를 차근차근 적용한다는 것인데, 중요한 것은 파라미터의 연결이 아니라 문제의 모순도를 만들면서 바라보게 되는 관점이다.

지금까지 우리나라에서는 모순행렬표를 이용하여 문제를 해결하는 사례는 그다지 많지 않았다. 하지만 초등학교 학생들에게 트리즈 입문 교육용으로 사용하기에는 충분한 것으로 보인다. 필자는 초등학생들이 문제에서 모순도를 만들고 모순행렬표를 이용하여 발명원리로 해결하는 것을 여러번 본 적이 있는데 나름 훌륭한 방법을 찾아낸다. 따라서 트리즈 입문자 교육용으로 적합하다고 본다. 모순행렬표는 40가지 발명원리를 모두 이용하여 문제를 해결하는 시간을 줄여 주는 역할을 한다. 그리고 다양한 문제로 경험을 쌓는다면 보다 높은 트리즈 기법을 이용하여 문제를 해결하는 수준에 오를 것으로 본다.

1. 노루를 살릴래? 말래?

오늘도 나무꾼은 산에서 장에 내다 팔 나무를 하고 있던 중에 숲 저쪽에서 노루가 달려와 무서운 사냥꾼에게 쫓기고 있으니 숨겨달라고 '(사람의) 말'을 하는데, 이 불쌍한 노루를 살려줄 건지 말 건지 고민하는데….

나무꾼은 '지금 내가 비록 궁핍하나 어찌 생명의 소중함을 등한시 하겠는가.' 하여 이 불쌍한 노루를 살려주기로 마음먹는다. 그런데 한편으론 '집에서는 제대로 된 식사도 못하시고 있는 노모가 계신데.' 하면서 노루고기도 탐이 나는 것이었다.

'아! 이렇게 갈등이 생기는 것이구나'.

나무꾼은 잠시 고민하게 된다.

때마침 험상궂은 사냥꾼이 다가온다.

"이봐, 나무꾼! 혹 이쪽으로 도망친 노루를 보지 못했나. 엉?"

"내가 노루를 쫓다가 이쪽으로 쫓아왔는데 말야, 갑자기 보이질 안아서. 흠, 흠."하고 나무꾼을 쳐다보는 것이었다.

나무꾼은 이내 말한다.

"아까, 노루 한 마리가 이쪽으로 와서 저를 보더니 방향을 바꿔 저쪽으로 냅다 뛰어 갑디다."

"어찌나 빠른지 삽시간에 사라지고 없었수."

그러자 사냥꾼은 고맙다는 인사도 없이 곧바로 쫓아간다.

물론 나무꾼은 사냥꾼에게 고맙다는 인사를 받을 자격은 안 되었지만 일단 저런 무례한 사냥꾼을 속여서 오히려 기분이 좋았다.

그리고는 노루가 숨어 있는 곳을 바라보았다.

그러나, 이내 도끼를 쥔 오른손에 힘이 들어가기 시작한다.

숨이 가쁘고 이마에 흐르는 땀방울은 소리도 없이 땅에 떨어져 낙엽 사이로 스며든다.

일촉즉발, 고요한 산속에 으스스한 바람만이 뒷목을 스치고 지나간다.

서늘한 느낌.

아, 노루의 운명은 이대로….

"팔딱", "파닥", "풀썩".

노루가 숨어있는 곳에서 나오면서 풀숲을 뒹군다.

"아이고, 너무 오래 쭈그리고 숨어있다 보니 다리에 쥐가 나서….“

노루는 휘청거리며 다가온다.

'산짐승도 쥐가 나나?'

나무꾼은 어이가 없어서 한참 동안 노루를 바라본다.

어느덧 도끼를 쥔 손에 힘이 풀려 간다.

그리고 나무꾼도 땅 위에 풀썩 주저 않는다.

노루는 다가와서 고맙다는 인사와 함께 구명해준 은혜의 보답으로 선녀들이 목욕하고 있는 곳을 일러 주며, 선녀의 날개옷을 감추고 아이를 셋 낳을 때까지 보여 주지 말라고 당부한다.

그러나 나무꾼은 힘이 없다. 노루는 의아해 한다.

“나무꾼님, 왜 그리 힘이 없으신가요?”

“선녀도 좋지만 우리집 살림이 궁해서 모시고 있는 노모도 밥 굶기를 밥 먹는 것보다 더 한단다.”

그러자 노루는 어이가 없어서

“사람들은 도저히 이해가 안되, 도대체 왜 죽자 사자 먹을 것을 찾는지 몰라, 흔하디 흔한 것이 먹을 것인데.”

노루는 나무꾼에게 얘기한다.

“저 산등성 바위 밑에 가면 사람들이 좋아하는 것이 있어요.”

“저것 때문에 사람들이 좋아하고 소리를 질러대고 그래요.”

나무꾼은

“그것이 뭔데?”

“저도 모르죠, 사람들이 좋아서 절하고 ‘심봤다’ 하고 소리를 질러 댄다는 것 외에는.”

“뭐. 심봤다구?”

나무꾼은 일단 노루와 함께 바위 밑에 가보니 무수히 많은 산삼들이 자라고 있는 것이 아닌가! 나무꾼은 너무 좋아 눈물이 날 지경이었고 노루에게 수없이 고맙다고 말한다.

그러고는 산삼을 캐는데 너무 많아 나무꾼의 지게로는 다 옮길 수 없는 것이었다.

그래서 노루에게 부탁을 한다.

"나뭇가지로 엮어서 자루를 만들테니 네가 우리집에 이것을 같이 옮겨다오."

그러자 노루도 승낙하였고 나무꾼은 자기 지게에 가득, 노루의 등에 한짐 가득 산삼을 캐와서 동네분들도 좀 나누어주고, 일부는 장에 내다 팔아 그것으로 끼니 걱정은 없게 되었다.

얼마 후 나무꾼은 노루가 말한 선녀탕에 가 보았더니,

정말로 선녀들이 목욕을 하고 있지 않은가!

나무꾼은 선녀의 날개옷을 하나 훔치고는 곧 아리따운 선녀와 함께 살게 된다.

그 이후는 여러분들도 아시겠지만 아이 둘을 낳고 나선 날개옷을 보여 달라는 선녀의 부탁에 나무꾼이 날개옷을 보여주게 되고, 곧 선녀는 아이 둘을 양팔로 안고 천상으로 올라가 버린다.

비즈니스 모순행렬표로 풀어낸 해결 방법

1. 노루를 살릴래 말래의 모순도

위의 내용을 토대로 모순도를 작성하면 다음 그림처럼 모순도가 나온다.

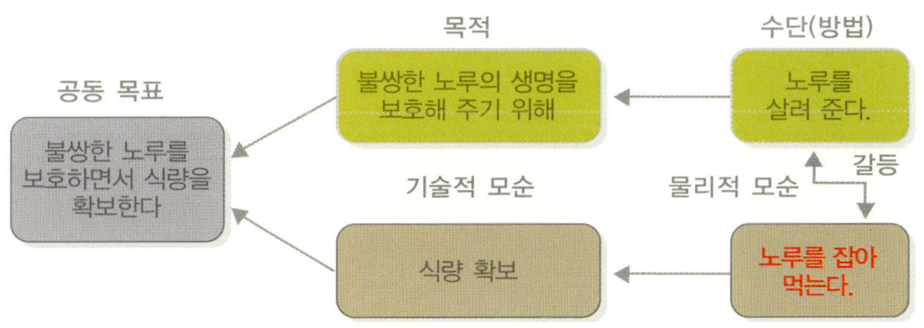

여기서부터는 **비즈니스 모순행렬표**를 이용하여 갈등을 풀어가도록 하겠다. 다소 파라미터와의 연결이 매끄럽지 못한 부분은 소설의 이야기를 비즈니스적인 사고로 보는 것에 기인했기 때문이다.

모순도에서 각 기술적 모순을 보면 '불쌍한 노루의 생명을 보호해 주기 위해'서는 모순행렬표의 파라미터 28번인 '시스템에 유해한 요소'로 악화되는 파라미터라고 볼 수 있다. 즉 노루가 죽는다면 노루입장에서는 소설 속에서의 유해한 작용으로 사망하게 되는 것으로 판단했기 때문이다. '식량확보'는 파리미터 10인 '생산 연결'로 파악할 수 있다. 물론 사람에 따라 모순 파라미터를 다르게 볼 수도 있을 것이다. 어떤 파라미터를 찾든 약간의 차이가 있을 수 있으며, 적당한 해결책이 없다면 다시 한번 파라미터를 대입하도록 한다. 그리고 모순행렬표를 사용하지 않고 발명원리 1번부터 40번까지 순차적으로 대입하여 사용할 수도 있으나, 여기서는 모순행렬표를 이용하는 것을 예로 보여주고 있다. 어쨌든 비즈니스 모순행렬표를 확인하면 발명원리는 3, 26, 35, 28, 10, 24가 나온다.

1. 노루를 살릴래 말래의 모순행렬표

모순 행렬표	26 정보의 양	27 커뮤니케이션의 흐름	28 시스템에 유해한 요소	29 시스템이 만들어내는 유해한 요소
8 생산 시간	13, 15, 23, 25, 3, 37	2, 37, 18, 19, 25		35, 22, 18, 10, 24, 2
9 생산 리스크	5, 25, 3, 37, 32, 28, 13	25, 38, 3, 26, 10, 1		25, 10, 39, 24, 29
10 생산 연결			3, 26, 35, 28, 10, 24	3, 26, 35, 29, 24
11 공급 품질	13, 4, 28, 37, 17, 7	5, 25, 23, 10, 35, 28	13, 17, 29, 2, 35, 15	10, 1, 34, 35, 15, 13

각 발명원리는 3 국소적 품질, 26 대체수단, 35 속성변화, 28 기계시스템의 대체, 10 사전조치, 24 중간매개물이다.

이 해결 원리를 이용하여 고민을 한다면 발명원리 3 국소적 품질은 '상황이나 환경을 균질상태에서 비균질상태로 바꾼다.' 혹은 '여러 부분이 서로 다른 기능을 수행하게 한다'이다. 균질은 균일하게 분포된 상태를 말하는 것이다. 그런데 이런 균형을 깨뜨리면 비균질한 상태가 되는 것이다. 대표적인 예로, 균질 상태인 우유를 저어서 균질을 깨뜨리면 치즈가 된다. 이것은 우유 콜로이드 입자가 깨져서 치즈 덩어리와 물로 나뉜 것이다. 이렇게 균질적인 상태를 깨뜨리는 방법이 국소적 품질이다. 쫓아오는 사냥꾼과 나무꾼이 싸우면 누가 이길까? 아마도 십중팔구는 사냥꾼일 것이다. 하지만 나무꾼이 추성훈 같은 파이터라면 아마 사냥꾼은 꽁지를 내리고 그냥 지나칠 수도 있을 것이다. 이것이 힘의 균형을 깨뜨려 노루를 보호할 수 있는 방법이기도 하다. 힘의 균형이 나무꾼이 우세하다면 이러한 방법을 써서 노루를 보호하는 방법이 있다. 그리고 보호된 노루는 일반적인 노루와는 다르게 활용하면 된다. 모든 노루가 똑같을 필요는 없으니 이미 사람과 대화한다는 사실이 다른 노루들과 차이가 있지만 이 사실을 잠시 예외로 둔다면 나무꾼이 벌목한 나무를 꼭 나무꾼이 나르라는 법은 없다. 따라서 보호해준 노루는 나무를 나르는 물류 수단으로 활용해서 생산성을 높일 수 있다. 그러면 수입도 증대되고 불쌍한 노루도 보호하고 돈도 벌어서 많은 식량을 살 수 있으니,

발명원리 3을 이용한 국소적 품질로 노루의 수송능력을 활용하는 것도 좋은 방법이 될 수 있다.

발명원리 **26은 대체수단**이다. 대체수단은 '대체수단을 활용하여 본래의 효과를 얻는다'이다. 그렇다면 사냥꾼으로부터 살려준 노루를 몸보신을 위해 잡아먹을 것이 아니라, 노루의 지식을 통해서 몸보신을 위한 대체수단을 찾는 것이다. 즉, 노루가 몸보신에 좋은 약초라던지 다양한 정보를 대신 줄 수 있을 것이다. 운이 좋으면 산삼이나 영지버섯이 있는 곳을 말해 줄 수도 있을 것이다. 이것이 노루를 잡아먹는 것보다 훨씬 효율적일 것이다. 이러한 대체수단을 이용하는 것도 큰 도움이 될 것이다.

발명원리 **35는 속성변화**이다. 이것은 '유연성의 정도를 변화시킨다'이다. 나무꾼은 하루 종일 나무를 하고 삶을 이어간다. 대체 나무꾼이 하루에 벌어들이는 금액은 얼마일까? 나무꾼으로 사는 것보단 심마니라든지 약초꾼으로 사는 것은 어떨까? 아무리 생각해봐도 든든한 동반자가 있으니, 노루를 잡아먹지 않고 직업을 약초꾼으로 바꾸어, 보다 나은 삶을 사는 것이 더 좋을 것으로 보인다.

발명원리 **28은 기계시스템의 대체**이다. 이것은 '다른 감각이나 시스템으로 바꾸어 본다'로 해석할 수 있다.

발명원리 **10은 사전조치**이다. 이것은 '요구되는 작업을 미리 수행한다.'이다. 따라서 불쌍한 노루를 살려주면서 몸보신을 할 수 있는 방법을 찾되 사전에 미리 수행하면 해결되는 것을 찾는다.

발명원리 **24는 중간매개물**이다. 이것은 '작용을 수행하거나 전달하기 위해 매개체를 사용한다'이다. 노루를 운송 수단으로 쓰는 것이 중간매개물의 활용이 될 수 있을 것이다.

■ 발명원리를 응용한 새로운 아이디어

	발명원리	새로운 아이디어
3	국소적 품질	나무꾼이 사냥꾼보다 힘이 세고, 노루는 나무를 나르는 운송수단이 된다.
26	대체수단	노루의 지식을 이용하여 다른 것을 구한다.
35	속성변화	나무꾼이 노루를 이용해 약초꾼이 된다.
28	기계시스템의 대체	
10	사전조치	
24	중간 매개물	

2. 선녀옷을 훔칠래 말래?

나무꾼이 사냥꾼에게 쫓기는 노루를 숨겨 주었더니 노루는 은혜의 보답으로 선녀들이 목욕하고 있는 곳을 일러 주며, 선녀의 날개옷을 감추고 아이를 셋 낳을 때까지 보여 주지 말라고 당부한다. 노루가 일러준 대로 가 보니 선녀가 목욕을 하고 있었다. 그러나 나무꾼은 선녀의 옷을 훔칠건지 아니면 훔치지 않을 것인지 고민하게 된다. 훔치면 아름다운 선녀를 아내로 맞이할 수 있으나 훔치는 것은 나쁜 짓이라 고민하고 있는 것이다.

나무꾼은 그리하여 고민에 휩싸이게 된다. 그러다가 가만히 생각해보니 점점 기분이 나빠지는 것이다. 아무리 산속이라 하지만 그래도 엄연히 사람들의 왕래가 있을 수 있는 곳에, 선녀라지만 함부로 목욕을 한다는 것은 사회통념상 있을 수 없는 것 같았다.

아무리 선녀라지만 은근히 부아가 돋는다. 그때 문득 좋은 생각이 떠올랐다.

이내 나무꾼은 선녀들에게 소리친다.

"아무리 깊은 산속이라지만 여기도 엄연히 사람이 지나가는 곳인데 이리도 예의에 어긋난 행동을 하는 분들은 도대체 어떤 사람들이오?"

선녀들은 깜짝 놀라 몸을 숨길 곳을 찾는다. 너무 급작스러워 정신이 아득해졌다.

그러나 나무꾼의 얘기가 맞는 이야기인 것을 알기에 꿀 먹은 벙어리처럼 아무 말도 못하였다.

나무꾼은 기세등등하게 또 다시 소리친다.

"아무 얘기도 없는 것을 보면 귀신이었나 보군."

"아무래도 이 옷은 가지고 가서 불살라 다시 저승으로 보내줘야겠다."

하고는 냉큼 날개옷을 몽땅 챙겨 버린다.

다급해진 선녀들이 서로 눈짓을 주고받는다.

"언니가 말 좀 해봐요."

"아니, 내가 무슨 말을…."

우리 날개옷을 가지고 가면 천상으로 못 올라가잖아요.'

이윽고 가장 나이가 많은 선녀가 나무꾼에게 말을 건다.

"본시 우리는 천상의 선녀로 잠시 지상에 볼일을 보러 왔다가 너무 더워 잠시 더위를 식히는 중이었으니 너무 노여워하지 말고 그 날개옷을 넘겨주시오."

나무꾼이 이에 답하기를

"아니, 아무리 그렇다 하더라도 어찌 그리한단 말이오."

"나는 그대들의 이야기를 못 믿겠소."

"필시 다른 목적이 있어 그런 것이 아니오?"

이에 선녀는 "아니오, 날개옷만 주신다면 우리는 바로 천상으로 올라가겠소."

그러자 나무꾼은

"아무리 그래도 이것은 너무한 짓이오. 내 당신들에게 그냥 이 날개옷을 준다면, 당신들은 필시 땅에 사는 사람들을 우습게 볼 것이오."

“내 벌로 이 날개옷 하나를 가져 당신들이 이 괴상망측한 짓을 탓할 것이니 그리 아시오.”

그리하여 가장 옷맵시가 좋은 날개옷을 빼고는 나머지 날개옷을 위에 남겨두고 멀찍이 물러났다.

선녀들은 황급히 날개옷을 입고는 너도 나도 할 것 없이 하늘로 부리나케 올라가는데, 가장 아리따운 선녀는 날개옷이 없어 올라가지 못하게 되었다.

이에 나무꾼은 그 선녀를 데려다가 부인으로 삼고 행복하게 살게 된다.

어느덧 해가 여러 번 바뀌어 아이 둘을 낳고 키우던 어느 날 선녀는 나무꾼에게 날개옷을 한 번 보여 달라고 한다. 나무꾼은 노루가 말해준 말을 깜빡 잊고 날개옷을 보여 주었다.

선녀는 날개옷을 보는 척 하다가 옷을 입고는 양팔에 아이 둘을 안고 천상으로 올라가 버렸다. 이에 나무꾼은 후회를 했지만 아무 소용이 없었다.

2. 선녀옷을 훔칠래 말래의 모순도

위의 내용을 토대로 모순도를 작성하면 다음 그림처럼 모순도가 나온다.

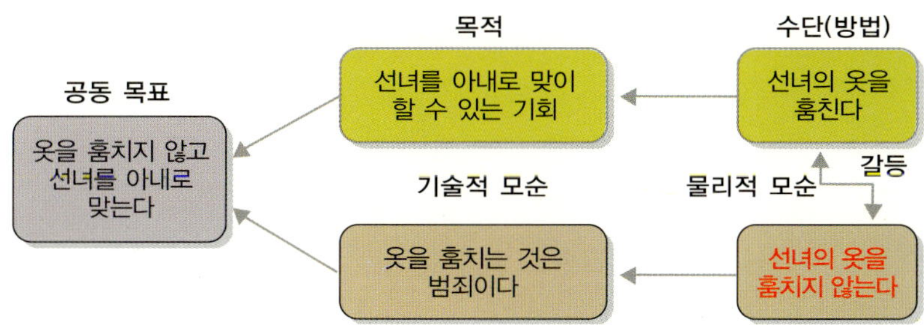

여기서도 비즈니스 모순행렬표를 이용하여 갈등을 풀어가기로 한다. 기술적 모순을 보면 '선녀를 아내로 맞이할 수 있는 기회'는 비즈니스 모순행렬표의 25 '인간관계'로 볼 수 있다. 결혼은 새로운 인간관계를 만드는 것으로 판단해서이다. '옷을 훔치는 것은 범죄이다'는 비즈니스 모순행렬표의 29 '시스템이 만들어 내는 유해한 요소'로 볼 수 있다. 따라서 이것을 모순행렬표에서 발명원리를 찾는다면 36, 22, 2, 10, 28이다.

각 발명원리는 36 상전이, 22 전화위복, 2 추출, 10 선행 조치, 28 기계시스템의 대체이다.

2. 선녀옷을 훔칠래 말래의 모순행렬표

발명원리 36 상전이는 "영향을 주어 성질을 변화시킨다"이다. 여기서는, 숲 속에서 옷을 벗고 목욕을 하는 선녀들이 오히려 도덕적으로 문제가 있는 것이다. 즉, 아무리 야심한 밤이지만 나무꾼이 지나다니는(?) 길에서 옷을 홀라당 벗고 목욕하는 것은 심한 노출증으로 볼 수 있다. 따라서 옷을 훔치는 범죄를 하기 전에 먼저 선녀쪽에서 죄를 지었고, 이것을 꾸짖는 것으로 바꾸면 된다. 본보기로 선녀옷 중 하나를 압수하고 나머지는 훈방한다. 그리고 그녀를 아내로 맞는 것이다. 즉, 범죄의 주체를 선녀쪽으로 살짝 변화시킨 것이다.

발명원리 22 전화위복은 '유해한 정도를 증가시켜 더 이상 유해하지 않게 한다'이다. 죄를 짓는다는 것은 선녀의 옷 한 벌을 훔칠 때이다. 그러면 차라리 몽땅 훔치자. 그리고 나서 마치 선녀의 옷을 찾아 주는 것처럼 한다면 선녀들은 나무꾼을 어떻게 생각할까? 아마 날개옷을 찾아

준 은인으로 생각하지 않을까? 그리고 한 벌은 영영 못 찾는다면 어쩔 수 없지 않을까? 따라서 차라리 왕창 훔쳐 버리자.

발명원리 2 추출은 '필요한 부분이나 특성을 뽑아낸다'이다. 필요한 부분은 날개옷이 아니고 아내로 맞이할 선녀이다.

발명원리 10 사전조치는 '요구되는 작업을 미리 수행한다'이다. 발명원리 2와 10을 합치면 좋은 방법이 나올 것 같다. 즉, 노루에게서 선녀의 목욕장소를 들었다면 미리 가서 숨어 있는 것이다. 선녀가 내려와 목욕을 시작한다면 먼저 목욕을 시작한 사람보다 늦게 내려와 목욕을 하는 선녀쪽에서 실수를 한 것이다. 속이 빈 갈대를 입에 물고 선녀가 내려올 때 물속에서 잠수하고 기다리는 것이다. 그리고 물속으로 선녀가 오면 오히려 선녀가 잘못한 것으로 만들 수 있지 않을까? 서로 돌이킬 수 없는 실수를 하였으니 이를 핑계로 날개옷을 훔치지 않고 정당하게 아내를 맞이할 수도 있을 것이다.

■ 발명원리를 응용한 새로운 아이디어

	발명원리	새로운 아이디어
36	상전이	숲 속의 선녀탕에서 목욕하는 선녀들에게 죄를 전가시키는 방법
22	전화위복	이왕 훔칠 바에 몽땅 훔치고 일부를 돌려준다
2	추출	날개옷이 아니고 선녀를 직접 만난다
10	사전조치	선녀보다 먼저 선녀탕에서 목욕을 하고 있으면서 숨어서 기다린다
28	기계시스템의 대체	

3. 날개옷을 지금 보여 줄래 말래?

나무꾼이 사냥꾼에게 쫓기는 노루를 숨겨 주었더니 노루는 은혜의 보답으로 선녀들이 목욕하고 있는 곳을 일러 주며, 선녀의 날개옷을 감추고 아이를 셋 낳을 때까지 보여 주지 말라고 당부한다. 노루가 일러준 대로 하여 나무꾼은 한 선녀를 데려다 아내로 삼는다.

아이를 둘까지 낳고 살던 어느 날, 선녀가 나무꾼에게 날개옷을 보여 달라고 한다. 나무꾼은 선녀에게 옷을 보여 주면 하늘로 올라갈지도 모른다는 불안감에 휩싸인다. 과연 옷을 보여줘야 하는지 아니면 매정하게 안 보여줘야 하는지 고민하게 된다.

나무꾼의 고민은 깊어만 간다. 이러지도 못하고 저러지도 못하는 자신만 책망하게 되면서부터 밥맛도 없다. 선녀는 은근히 옷을 보여줄 것을 종용하고 있고, 그러자니 힘든 생활이 계속되고 있는 것이다.

어느 날 산속에서 나무를 하는데, 그만 도끼를 연못에 빠뜨리고 만다.

"엎친 데 덮친 꼴이군."

"이젠 나무도 못하게 생겼네."

그 때 연못 속에서 "펑"하고 산신령이 나타난다.

"이 쇠도끼가 너의 도끼냐?"하고 물어본다.

그러자 나무꾼은 잠시 놀랐으나 이내 침착함을 찾고는 말을 한다.

"그 도끼가 제 도끼는 맞지만, 이젠 그다지 필요하지 않습니다."

산신령은 의아하게 생각한다.

“원래 여기는 다른 나무꾼이 나무를 하다가 도끼를 잃어버리는 곳인데, 너는 처음 보는구나.”

“저는 아랫마을에서 나무를 하는 아무개인데, 그저 생각없이 산속을 헤매다 나무를 하려다 보니 이곳까지 오게 되었습니다.”

산신령은 다시 묻는다.

“무슨 일로 마음이 상해 그렇게 정신이 없는 게냐?”

그러자 나무꾼은 지금까지의 이야기를 산신령에게 모두 하게 된다.

산신령은 잠시 생각에 잠긴 후 이러쿵저러쿵 나무꾼에게 어떤 이야기를 해 준다.

이야기를 듣는 나무꾼의 표정이 점점 밝아진다. 그러고는 넙죽 산신령에게 절을 하곤 쏜살같이 집으로 뛰어가는 것이 아닌가! 아직 도끼는 산신령에게 있는데….

집으로 돌아온 나무꾼은 애들을 불러서 선녀의 옷 일부를 입혀준다.

그러고는 선녀를 불러 옷을 보여주고 남은 옷을 선녀에게 입으라고 준다.

선녀는 날개옷의 일부만 입고 있어서 하늘을 날지 못하게 되자 나무꾼에게 다른 옷도 입겠다고 한다.

그러나 나무꾼은 옷을 보여주었으면 되었지 어찌 입겠다고만 하느냐며 안 된다고 한다.

선녀는 할 수 없이 아이들이 입은 날개옷과 자기가 입은 날개옷만을 볼 수밖에 없었다.

그리고 얼마 후 선녀는 한 가지 꾀를 부린다. 아이들에게 심부름을 시
킨 것이다. 그러고는 나무꾼에게 다시 한 번 선녀의 날개옷을 보여주라
고 한다.

이번엔 나무꾼이 순순히 선녀의 날개옷을 보여주는 것이었다. 그런데
나무꾼이 날개옷을 몽땅 입고 나타는 것이 아닌가!

"나무꾼님 그 날개옷을 제게 주세요."

선녀는 나무꾼에게 날개옷을 줄 것을 요구하지만 나무꾼은

"날개옷을 보여주라고 했지, 달라 했던 것은 아니었잖소."라며 거절한다.

이번에도 선녀는 날개옷을 입지 못하고 하늘로 돌아가지 못했다.

얼마 후 선녀는 다시 나무꾼에게 날개옷을 입어보겠다고 애원한다.

그러자 나무꾼은

"이번만 날개옷을 입어보고 다시는 보여주라거나 입게 해달라고 하지
않는다면 내 보여주리다."

그러자 선녀는

"이번 한 번만 날개옷을 보여주고 입게 해준다면 다시는 청을 드리지
않겠어요." 하면서 다짐을 한다.

이윽고 나무꾼은 여러 상자를 가져 온다. 이를 본 선녀는 눈이 휘둥그
레진다.

"아니 웬 상자들이 이리 많은 가요?"

"이게 다 선녀의 날개옷이요."

하면서 차례차례 보여준다.

날개옷은 이미 여러 조각으로 나누어져 있었다. 나무꾼은 한 조각을 보여주고 입고 나면 다시 그 조각을 받고 새로운 조각을 주는 것이었다.

"아니 이런 법이 어디 있나요?"

"날개옷을 다 보여주고 입게 해주셔야죠."

나무꾼은 "날개옷을 보게 해달라고 했으니 내 그렇게 해주는 것이오."

"이미 한 번씩 보고 입게끔 해주고 있잖소."

선녀는 어이가 없었다. 조각으로 나뉜 날개옷은 그것을 다 입기 전에는 날 수가 없었다. 그런데 나무꾼은 입은 조각을 주어야 다른 조각을 주니 어찌 할 수가 없었다.

결국 선녀는 다시 날개옷을 보여 달라고 하지 않게 되었고 나무꾼과 선녀는 행복하게 오래오래 살았다.

비즈니스 모순행렬표로 풀어낸 해결 방법

3. 날개옷을 지금 보여 줄래 말래의 모순도

위의 내용을 토대로 모순도를 작성하면 다음 그림처럼 모순도가 나온다.

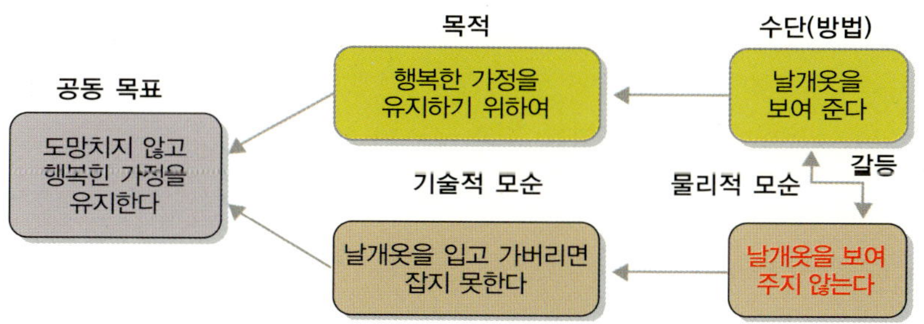

여기서 비즈니스 모순행렬표를 이용하여 갈등을 풀어간다. 즉, 기술적 모순을 보면 '행복한 가정을 유지하기 위하여'는 모순행렬표 중에서 '35 안정성'이라는 파라미터와 연결할 수도 있다. 그리고 '날개옷을 입고 가버리면 잡지 못한다'는 '14 공급 리스크'라는 파라미터로 연결할 수 있을 것이다. 날개옷을 공급하면 발생할 수 있는 부작용으로 날아가버리기 때문이다. 그러면 여기서 모순행렬표를 토대로 발명원리를 찾는다면 아래 표를 참조하여 9, 13, 1, 25, 14가 나온다.

3. 날개옷을 지금 보여 줄래 말래의 모순행렬표

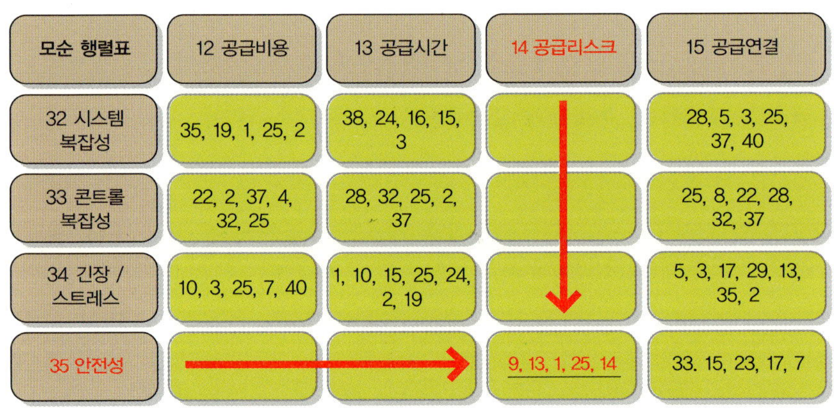

모순 행렬표	12 공급비용	13 공급시간	14 공급리스크	15 공급연결
32 시스템 복잡성	35, 19, 1, 25, 2	38, 24, 16, 15, 3		28, 5, 3, 25, 37, 40
33 콘트롤 복잡성	22, 2, 37, 4, 32, 25	28, 32, 25, 2, 37		25, 8, 22, 28, 32, 37
34 긴장 / 스트레스	10, 3, 25, 7, 40	1, 10, 15, 25, 24, 2, 19		5, 3, 17, 29, 13, 35, 2
35 안전성			9, 13, 1, 25, 14	33. 15, 23, 17, 7

이것은 발명원리 9 사전반대조치, 13 반대로 하기, 1 분할, 25 셀프서비스, 14 구형화이다. 여기서는 풍부한 해결책이 나올 수 있다. 발명원리 9 사전반대조치는 '유해한 효과 제거를 위해 미리 반대 조치를 취해 놓는다'이다. '이것은 하늘로 못 올라가도록 미리 선녀의 옷을 집이나 땅

에 박음질 하는 것이다.'로 해결할 수 있을 것이다.

발명원리 **13은 반대로 하기**이다. 이것은 '반대작용을 실행한다'이다. 즉 선녀의 옷을 뒤집어 보여주든지 아니면 나무꾼이 입고 보여주든지 하는 방법을 생각해 낼 수 있다.

그리고 **1 분할**은 '시스템을 나눈다'이다. 선녀의 옷을 나누어서 보여주는 것이다. 즉, 날개, 팔, 몸통 등으로 분할 해버리고 옷을 따로따로 보여주는 것이다.

발명원리 **25는 셀프서비스**이다. 이것은 '시스템이 스스로 기능을 완성하도록 한다' 혹은 '유휴자원을 활용한다'이다. 따라서 선녀의 옷을 보여주는 것이 아니라 지상의 옷감으로 선녀와 함께 날개옷을 만들어보는 것은 어떨까? 물론 재료가 지상에서 나온 것이므로 하늘로 올라가지는 못하지만 선녀에게 단순히 날개옷을 보여주는 것보다 더 나은 방법일 수도 있다. 요즈음 체험관광도 유행하는데 단순히 보여주는 것보다 아름다운 날개옷을 같이 만들어 선녀의 부탁을 간접적으로 들어주는 것도 좋을 것 같다.

발명원리 **14 구형화**는 '직선운동을 회전운동으로 바꾼다.'이다. 이 원리를 응용한다면 큰 아이에게는 날개옷의 일부분을 입히고 작은 아이에게는 다른 부분을 입힌다. 그리고 나머지를 선녀에게 보여준다. 선녀가 날개옷을 입든 보든 상관이 없다. 다른 부분을 보거나 입으려 한다면, 지금 선녀가 갖고 있는 옷을 작은 아이에게 주고, 작은 아이는 자신이 갖고 있는 날개옷의 일부분을 큰 아이에게 준다. 그리고 큰 아이는 자신이 갖고 있는 것을 선녀에게 주는 것이다. 그리고 이런 식으로 계속하면 옷조각들은 빙빙 돌기만 하게 된다. 선녀는 날개옷의 전부를 보거나 입을 수는 있지만 항상 일부분은 아이들에게 있으므로 하늘로 올라가지 못한다. 그래도 원하는 날개옷을 다 보았고 입어 보게 될 것이다. 이런 방식으로 회전을 시킨다면 발명원리 14 구형화를 이용하여 해결한 것이다. 물론 발명원리 1인 분할을 응용한 것이기도 하다.

지금까지 나온 방법들을 이용한다면 나무꾼의 목표인 선녀가 하늘로 도망치지 못하게 하면서 행복한 가정을 유지하게 한다는 것을 달성하게 된 것이다.

■ 발명원리를 응용한 새로운 아이디어

	발명원리	새로운 아이디어
9	사전반대조치	선녀의 옷을 땅에 박음질 한다
13	반대로 하기	나무꾼이 날개옷을 입고 보여준다
1	분할	날개옷을 분리하여 따로따로 보여준다
25	셀프서비스	선녀가 날개옷을 스스로 만들게 한다
14	구형화	날개옷을 아이들과 선녀에게 입힌다

4. 날개옷을 입고, 천상으로 올라갈래 말래?

나무꾼이 사냥꾼에게 쫓기는 노루를 숨겨 주었더니, 노루는 은혜의 보답으로 선녀들이 목욕하고 있는 곳을 일러 주며, 선녀의 날개옷을 감추고 아이를 셋 낳을 때까지 보여 주지 말라고 당부한다. 노루가 일러준 대로 하여 나무꾼은 한 선녀를 데려다 아내로 삼는다.

아이를 둘까지 낳고 살던 어느 날 선녀가 나무꾼에게 날개옷을 보여 달라고 한다. 나무꾼은 선녀에게 날개옷을 보여준다. 날개옷을 보게 된 선녀는 옷을 입게 되고 선녀의 몸이 공기처럼 점점 가벼워지는데….

나무꾼이 선녀에게 옷을 보여준다. 날개옷을 보게 된 선녀는 고민을 한다. 이 옷을 입고 천상으로 올라갈까?

그러면 천상의 옥황상제도 뵐 수 있고, 그 동안 소식도 모르는 동무들도 볼 수 있다.

하지만 그렇게 되면 지상의 가족은 다시 볼 수 없게 된다. 갈등에 휩싸인 선녀는 고민을 하기 시작한다.

이윽고 선녀는 결심을 한다. 지상의 가족을 다 데리고 천상으로 올라가기로 하고 작전을 짠다.

"나무꾼님, 제가 하늘로 올라가면 다시는 연락이 안 될텐데, 어찌 방법이 없나요? 지금 이 날개옷으로는 아이 둘을 데리고 갈 수는 있지만, 나무꾼님과 어머니는 모시고 갈 수 없습니다."

나무꾼도 고민을 하다가

"천상까지 얼마나 먼지는 모르겠소만 날개옷에 실을 묶고 날아가면 연결이 될테니 그리하면 어떻소?"

선녀는 좋은 생각이라 하고 나무꾼에게, 날개옷에 실을 묶고 올라 간 다음에 날개옷을 지상으로 던질테니 나무꾼은 그 실을 따라가서 날개옷을 찾고 천상으로 올라오라고 말한다. 그렇게 하여 나무꾼은 선녀의 날개옷을 입고 하늘을 나는 비행교육을 받는다.

결국 선녀는 아이 둘을 데리고 먼저 천상으로 올라가게 되고 날개옷을 지상으로 던진다. 나무꾼은 실을 따라가서 날개옷을 돌려받고 어머니를 모시고 천상으로 올라간다. 이리하여 지상의 가족들도 함께 천상에서 오래오래 행복하게 산다.

비즈니스 모순행렬표로 풀어낸 해결 방법

위 이야기의 갈등구조는 하늘로 올라가면 하늘의 가족과도 재회할 수 있지만 현재의 가족과는 헤어져야 한다. 그렇다면 어떻게 해야 하나? 이것을 모순도로 그리면 다음과 같다.

4. 날개옷을 입고, 천상으로 올라갈래 말래의 모순도

위의 내용을 토대로 모순도를 작성하면 다음 그림처럼 모순도가 나온다.

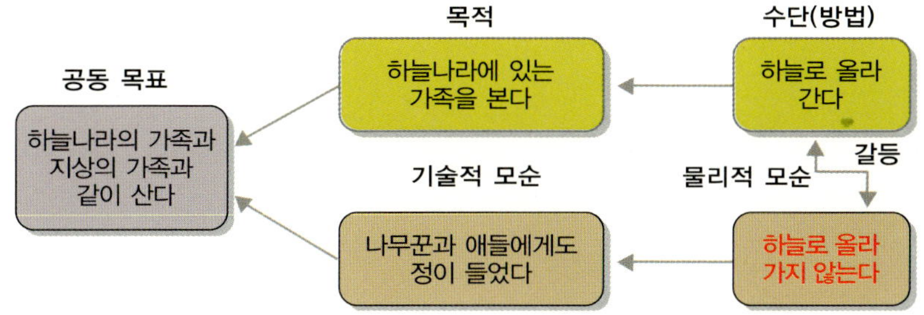

이 모순도를 토대로 하여 비즈니스 모순행렬표의 파라미터를 찾는다. '하늘로 올라 간다'는 현재 천상의 가족을 보고 싶어 하는 선녀의 욕구와 관련지을 수 있다. 따라서 파라미터 21인 고객수요로 선정할 수 있다. 그리고 '올라가지 않는다'는 현재 가족의 행복을 유지하기 위해서이다. 그러므로 파라미터 35인 안정성이라고 볼 수 있다. 왜냐하면 선녀가 하늘로 올라간다면 현재의 가족은 행복이 깨지게 되는 것이기 때문이다. 그래서 모순행렬표에서 해결방법을 찾으면 10, 40, 29, 30, 28, 26번이다.

4. 날개옷을 입고, 천상으로 올라갈래 말래의 모순행렬표

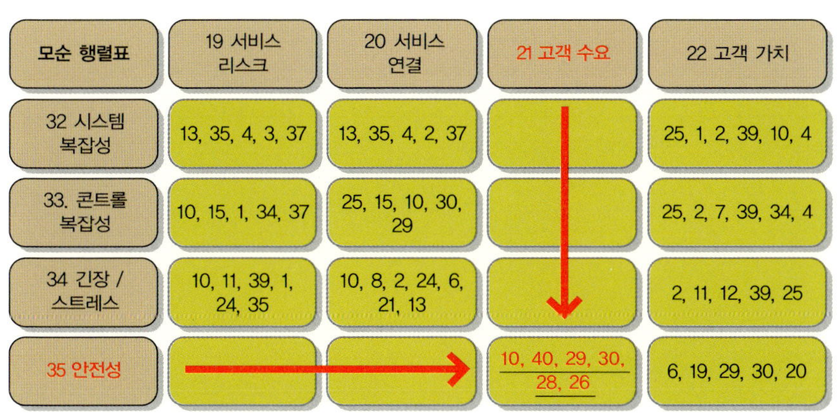

모순 행렬표	19 서비스 리스크	20 서비스 연결	21 고객 수요	22 고객 가치
32 시스템 복잡성	13, 35, 4, 3, 37	13, 35, 4, 2, 37		25, 1, 2, 39, 10, 4
33. 콘트롤 복잡성	10, 15, 1, 34, 37	25, 15, 10, 30, 29		25, 2, 7, 39, 34, 4
34 긴장 / 스트레스	10, 11, 39, 1, 24, 35	10, 8, 2, 24, 6, 21, 13		2, 11, 12, 39, 25
35 안전성			10, 40, 29, 30, 28, 26	6, 19, 29, 30, 20

발명원리 **10번**은 **사전조치**이다. 날개옷에 실을 연결한다. 지상의 집과 연결한 후 천상에 올라가 지상으로 날개옷을 떨어뜨리면 나무꾼이 실을 따라가 다시 날개옷을 회수한다. 이번에는 나무꾼이 날개옷을 입은 후 어머니를 등에 업고 천상으로 가서 선녀와 두 아이들을 만나는 것으로 해결할 수 있다.

발명원리 **40번**은 **복합재료**이다. 날개옷과 연을 연결하여 같이 올라간다. 지금 데리고 갈 수 있는 가족은 양팔로 안을 수 있는 숫자인 2명이다. 하지만 남는 가족은 나무꾼과 홀어머니이다. 이 둘을 더 데리고 갈 수 있는 연을 만들기 위해 날개옷을 이용하여 만든다.

■ 발명원리를 응용한 새로운 아이디어

	발명원리	새로운 아이디어
10	사전조치	선녀의 날개옷을 실로 연결하고 날개옷을 다시 받는다
40	복합재료	날개옷과 연을 연결한다
29	유동성	
30	얇은 막	
28	기계시스템의 대체	
26	대체수단	

5. 선녀가 나무꾼을 따라갔는데, 결혼을 할래 말래?

날개옷을 잃어버린 선녀는 나무꾼을 따라갔다. 그리고는 나무꾼은 자기와 결혼을 해 줄 것을 간청한다. 선녀는 나무꾼과 같이 살아야 하는지 고민을 하기 시작한다.

나무꾼은 선녀에게 청혼을 하면서 연신 싱글벙글 웃는다. 하지만 선녀는 결혼을 해 주자니 나무꾼의 현실이 한심하고, 안 하자니 날개옷을 돌려받을 가능성이 전혀 없을 것 같아 걱정이다.

같이 살게 된다면 날개옷을 돌려받을 수 있다. 그리고 날개옷을 잃어버린 지금 당장 살 걱정은 덜 수 있다. 그러나 결혼을 하지 않는다면 날개옷을 받을 수 있는 길은 영영 사라진다.

고민을 하던 선녀는 결국 결심을 한다. 다음날 선녀는 나무꾼에게 어찌 처음 보는 사람과 무작정 혼인을 할 수 있냐고 하면서 1년 후에 결혼하는 조건을 걸고 일단 사람됨을 지켜보기로 하였다.

이리하여 나무꾼과 선녀는 나무꾼의 어머니와 함께 셋이 살게 되는데….

살기 시작한 첫날부터 선녀는….

세상에 먹는 양이 장난이 아니다. 천상에 있을 때부터 많이 먹었다 하더니 보통 사람의 3배는 더 먹는다. 그리고 하루 종일 자연보호를 한다면서 산속에서 동물들과 놀고 빈둥빈둥 거린다. 하다못해 나무꾼이 작은 일손이라도 보태라고 하면 눈에 쌍지심부터 켜고, 어찌 천상에서 온 선녀에게 이런 일을 시키냐고 하면서 일주일은 박박 싸운다. 아직 혼인도 하지 않은 처지이니, 어떻게 보면 손님인데 무작정 일을 시킬 수는 없고 나무꾼의 고민도 이만저만이 아니다.

결국 6개월 정도 같이 살다보니 들어간 돈이 이제는 감당이 안 되는 것이다. 기껏해야 나무를 해서 판 돈으론 어머니와 자기도 살기가 빠듯한데 손님이 하나 더 있는 처지이니, 아니 셋은 더 있는 처지와 같으니, 결국 나무꾼은 선녀의 날개옷을 돌려주면서 제발 천상으로 돌아가 달라고 부탁한다. 이제서야 선녀도 웃으며 날개옷을 받는다.

"나무꾼님, 제가 이런 것은 천상으로 돌아가기 위해서 했던 어쩔 수 없는 행동이니 너무 노여워하지 마십시오. 대신에 뒷산에 올라가면 산삼을 모아 놨으니 그걸 팔면 많은 돈이 될 것입니다."

그렇다. 선녀는 동물들과 논 것이 아니라, 이런 일을 대비해서 동물들과 산속을 뒤지면서 산삼을 모아 놓은 것이다. 그리고 나서 일부러 많이 먹고 나무꾼을 힘들게 하여 날개옷을 돌려받으려 한 것이다.

나무꾼은 선녀에게 감사해 하면서 날개옷을 돌려주고 산삼을 얻게 된다. 그리고 선녀는 날개옷을 돌려받게 되어 천상으로 돌아간다.

당연히 나무꾼은 산삼을 판 돈으로 동네에서 예쁘기로 소문난 처자를 아내로 맞이하게 된다.

비즈니스 모순행렬표로 풀어낸 해결 방법

위의 이야기에서 선녀는 발명원리 16 초과나 과부족 조치를 한 것이다.
이렇게 나온 과정을 보자. 일단 모순도를 그리면 다음과 같다.

5. 선녀가 나무꾼을 따라갔는데, 결혼을 할래 말래의 모순도

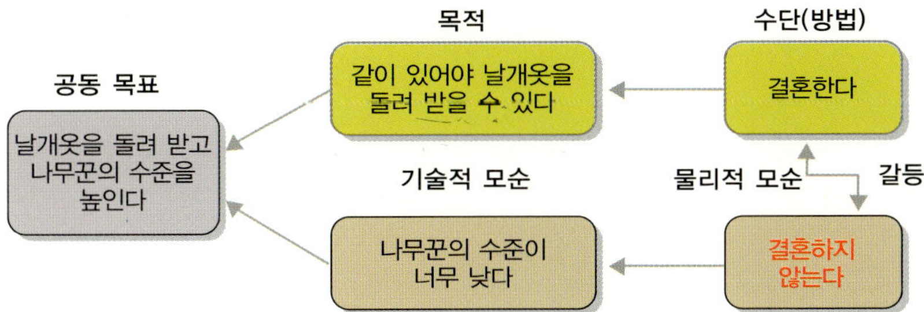

토대로 하면 결혼을 하는 이유는 날개옷을 돌려받을 수 있고 당장 살
수 있는 곳의 마련이니, 파라미터 14 공급리스크라 볼 수 있다. 그리고
결혼을 안 하는 이유는 '나무꾼의 수준이 낮아 마음에 들지 않는다'이다.
따라서 파라미터 22번인 고객가치로 하였다. 모순행렬표에서 발명원리
를 찾으면 25, 22, 2, 35, 11, 16이다.

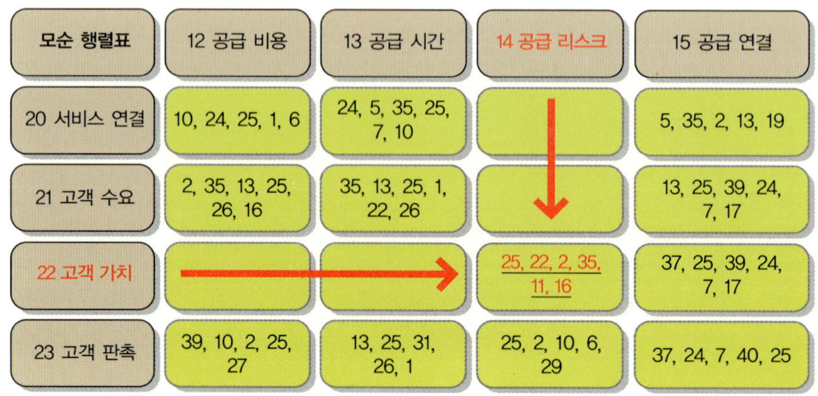

발명원리 25번 셀프서비스로 보면 결혼을 미루고 나무꾼의 수준을 스스로 올리게 동기를 부여한다. 만약에 과거시험에 합격할 경우 결혼을 하기로 조건을 단다면 나무꾼이 열심히 학문을 닦게 된다. 그리고 과거에 급제하면 결혼을 하고 날개옷을 돌려받는다. 또 다른 이야기인 바보온달과 평강공주 이야기를 닮았다.

발명원리 2번 추출로 풀어보면 결혼하지 않으면서 날개옷을 돌려받을 수 있는 방법을 찾으면 된다. 나무꾼에게서 날개옷을 뽑아내는 방법을 찾으면 된다.

발명원리 35번 속성변화로 풀어보면, 나무꾼의 속성을 장군으로 만든다. 선녀의 능력과 깊은 산속에서 나무를 하던 나무꾼의 능력을 합치면 충분히 유명한 장수로 만들 수도 있을 것이다. 이러면 나무꾼과 결혼해도 괜찮을 것이다.

발명원리 16 초과나 과부족으로 해결하면 찢어지게 가난한 나무꾼의 집에서 선녀가 많이 먹거나 집안 재산을 축내는 등의 낭비가 심하면, 나무꾼은 감히 결혼을 하기보다는 날개옷을 주고 돌려보낼 것이다. 아니면 좀 모자란 척하고 사고를 많이 치면(밥을 태우든지, 실수로 초가삼간을 태울 뻔하든지 하면) 보내줄 것이다. 앞의 이야기에서 선녀가 한 행동은 나무꾼의 입장에서는 발명원리 22번인 전화위복이 된 것이다. 복(福)인줄 알았는데 화(禍)였고, 또 화(禍)인줄 알았는데 복(福)이었다.

■ 발명원리를 응용한 새로운 아이디어

	발명원리	새로운 아이디어
25	셀프서비스	나무꾼의 동기부여 : 과거공부를 하게 한다.
22	전화위복	나무꾼이 과거에 급제한다.
2	추출	
35	속성변화	
11	사전예방조치	
16	과부족 조치	나무꾼의 재산을 축내고 힘들게 하여 날개옷을 돌려받는다.

CHAPTER 3

근본 원인 분석

어빌리언스 이상운

어빌리언스 대표
㈜ 제주창의혁신센터 컨설턴트
한국트리즈협회 공인강사
前 한국능률협회컨설팅 컨설턴트
MATRIZ Level 3

근본 원인 분석
(Root Cause Analysis)

　수많은 예제를 통해 모순을 찾아 해결하면 혁신적 결과를 얻을 수 있다는 매력에 빠져 트리즈를 적용하지만, 첫 단계인 모순을 정의하는 것에서부터 벽에 부딪친다. RCA는 이를 좀 더 쉽게 접근하는데 도움을 주는 도구 중 하나이며, 문제를 기반으로 전체적인 생각을 통해 문제 해결에 접근하는 길잡이 역할을 한다.

　모순이라는 것이 쉽게 정리되지 않는다면, '근본 원인분석'을 표현하면서 모순을 도출해보는 것도 좋은 방법 중에 하나이다.

　'근본 원인분석'이란, 여러 분야에서 다양하게 사용되고 있다. 단, 트리즈에서는 다른 분야에서 사용되는 방법 외에 모순을 도출하거나 문제를 재정의 하는 도구로 활용한다.

　현재 상황에서 모순을 쉽게 찾을 수 없다면, 인과관계 사슬을 그려보자. 현재의 상황을 표현하고, 그 현재상황의 원인들을 나열하면 된다.

　문제를 해결하는데 앞서, 문제의 원인에 대해 생각해야 한다는 것은 우리는 익히 알고 있다. 원인을 알면 문제를 해결할 수 있다는 추론을 전제하고 있기 때문이다. 문제라는 것 자체는 현재 해결할 수 없기 때문에 어렵다. 고민인 상태이기 때문에 그 고민을 해결하기 위해서는 원인을 찾아서 제거하거나 발생되지 않도록 하면, 문제가 발생하지 않는다는 사고의 연장선이다. 근본 원인 분석(Root Cause Analysis)은 이러한 원인을 찾아 제거하여 문제를 해결하는 방식의 발전된 도구이다. 우리에게는 RCA보다는 5Why라는 툴이 더 익숙한 도구이나, 그 발전의 중간 정도에 있다고 보면 쉽게 이해할 수 있다.

문제의 원인을 탐색하여 제거하면 문제 자체가 발생하지 않는 논리적 관계를 기반으로 사고하는 것은, 과학 등에서 많이 활용되어진 방법 중에 하나이다. 여기에서 필요한 것은 명제(가설)를 세워서 검증을 하는 단계를 거쳐 간다.

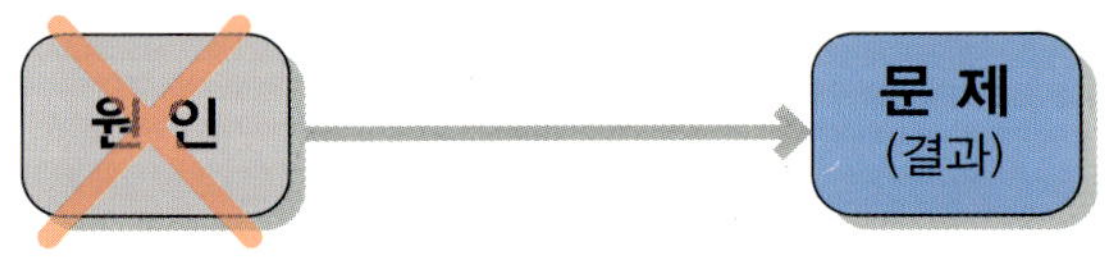

(인과관계의 논리적 흐름에 따라 화살표는 원인에서 문제(결과)로 표시한다.)

문제원인 탐색에 사용되는 도구는 이 밖에도 '특성요인도(fishbone)'[1], '8D'[2], '이슈트리'[3], 'Kepner-Tregor기법'[4], '마인트맵'[5] 등 수많은 도

---

[1] 특성요인도 : 1940년대 이시카와 교수가 요소들 간의 관계를 표현하기 위해 고안. 품질 특성치가 어떤 요인에 의해 영향을 받는지 하나의 도형으로 묶어 특성과 원인과의 관계를 나타낸 것이다.

[2] 8 Dicipline : 2차 세계대전 중 미국에서 '불량품에 대한 수정조치 및 처분시스템'을 처음 사용하고, 이후 포드에서 정형화 되었다. 문제가 있을 때 진행하는 8단계의 문제해결 프로세스이다.

[3] 이슈트리 : 맥킨지 방식의 문제 분석방법으로 문제의 원인을 framing, Designing, Gathering, Interpretion 의 4단계로 진행하여 분석하거나 해결책을 구체화할 때 사용한다.

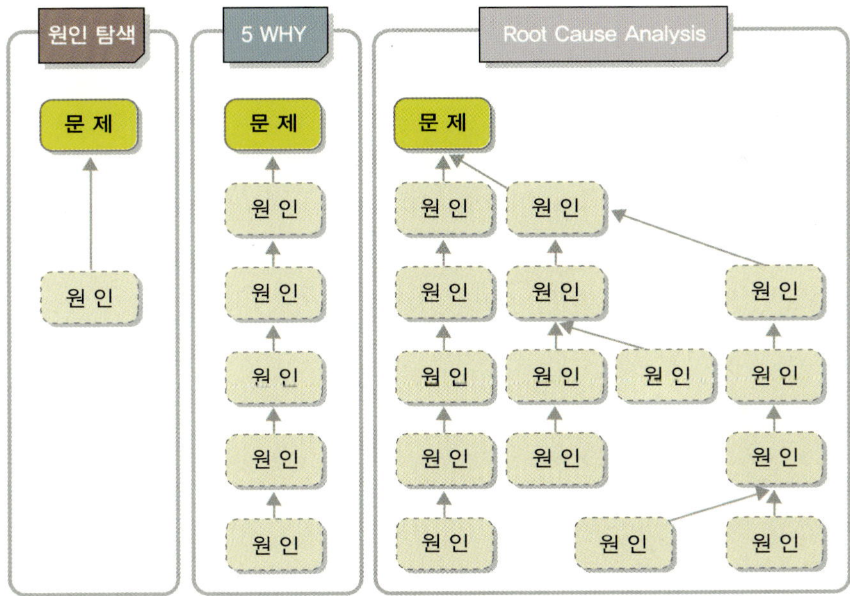

구들이 있다. 또한, RCA는 제약이론(TOC)[6]을 통해 형성된 기법을 '모던트리즈'[7]에서 응용하여 사용되어진 기법이며, 트리즈가 이야기하는 문제해결의 개념과 조화를 이루며, 독특함을 가지고 있다.

낚시에 비교한다면, 차이점을 이해하기가 쉬울 것 같다. 낚시바늘이 하나인 낚싯대는 고기를 잡기 위해 시간과 집중이 필요하다. 좀 더 보완하기 위한 것에 릴낚시가 있고, 전략적으로 많은 고기떼를 잡기 위한 그물로 비유할 수 있다.

---

[4] kepner-Tregor : KT기법은 1958년 미국의 RAND 사에서 함께 일하던 Kepner, Tregor 박사가 NASA의 의뢰를 받아 합리적인 문제해결의 절차로 개발한 기법이다.

[5] 마인드맵 : 사고표현의 방법으로 지도를 그리듯이 자신이 학습한 내용이나 연산되는 정보를 관리할 수 있다.

[6] 제약이론(Theory of Constraints) : 물리학을 전공한 골드랫 박사가 1975년부터 추구하여 왔던 개념과 도구이다. 의사결정을 제약에 맞추어 물자/비용/논리의 흐름을 최적화한다.

[7] 모던트리즈 : 알트슐레르에 의해 문제 해결방법에 집중된 형태인 '고전트리즈'. 이후 발전되어 문제 분석, 프로세스, 창의적 사고 등 확장적 구조를 갖는 시기를 말한다.

"누구나 낚시바늘을 던지자마자 고기를 잡는다면, 새로운 도구를 개발하는 노력이 없었을 것이다."

이러한 표현이 **귀납적 추론**에 의한 명제라고 할 수 있다. 현재의 현상이나 문제를 야기 시키는 원인을 추정하고 그 원인을 제거했을 때, 변화될 수 있는 요소가 있다면 해결의 포인트로 보는 것이다.

일반적으로, 우리는 문제의 정확한 원인을 찾아내기가 힘들다. 문제를 해결할 원인을 찾기 위해 시간과 에너지를 소비하게 된다. 이를 좀 더 보완해 주는 것이 5Why로 볼 수 있으며, 이 또한 같은 인과관계적인 고리를 연달아 표현해보는 과정이다. 겉으로 드러난 문제의 1차 원인만을 찾는 것이 아니라, 깊이 숨어있는 2차 원인 또는 3차 원인들을 통해서 정의한 문제를 해결할 수 있기 때문이다.

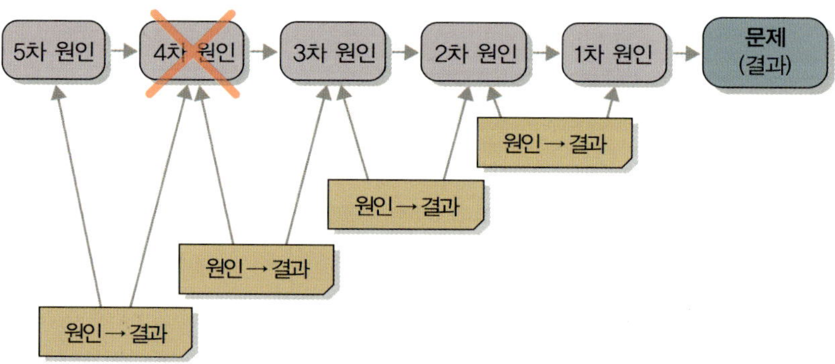

위의 그림에서처럼 4차 원인을 제거하게 되면, 3차 원인이 발생하지 않고, 또한 2차 원인, 1차 원인이 연달아 제거되어 문제(결과)는 발생되지 않는다는 사고과정이다.

앞에서 우리는 하나의 궁금증을 갖을 수 있다. 문제나 결과 또는 현상은 하나의 원인만 존재하는가? 라는 질문이다. 당연히 답변은 'No'이다. 검증을 거치지 않은 단계에서는 하나의 현상에 대한 원인은 수없이 많다. 수많은 원인 고리 중 한 두 가지를 선택해야 하는 능력이 필요하기도 하다. 또는 문제를 해결하지 못하는 원인 고리들로만 이루어진 5Why 도식을 다시 작성해야 하기도 한다.

이를 보완하는 것이 RCA의 형태라고 보면 쉽다.

현재의 문제나 현상을 발생시키는 원인으로 추정되는 것들을 모두 나열해 보는 것이다. 여기서 오히려 복잡함이 발생할 수도 있겠지만, 5Why에서 얻기 힘든 결과를 도출하기도 한다.

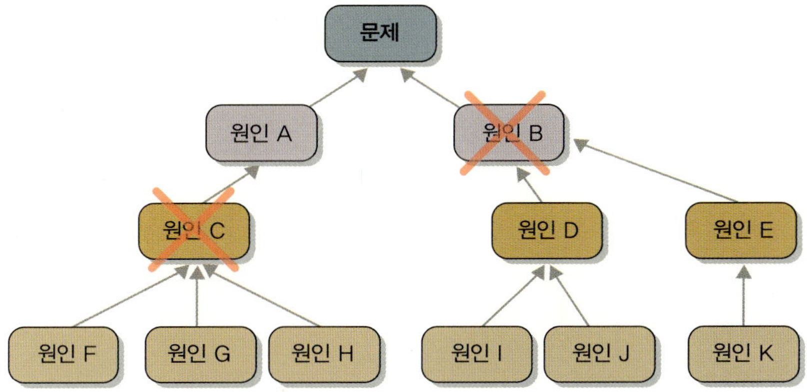

트리즈에서의 RCA는 근본 원인을 찾아 해결하는 것 외에도 추가된 목적이 있다. 그것은 RCA를 통해 '모순'을 찾아내는데 목표를 둔다는 것이다.

세부적인 내용에 대해서는 '선녀와 나무꾼' 예제를 통해 설명해보기로 하자.

1. 5Why에 의한 접근

숨겨두었던 날개옷을 꺼내 줄 것인지에 대한 고민은 부인에게 자랑하려고 하기보다는, 날개옷을 보여준 후 부인이 하늘로 올라갈지도 모른다는 불안감이었다고 예상해 본다.

나무꾼이 선녀에게 힘들어하는 이유를 묻자, 천상에서의 삶이 그립다라고 한다. 더욱이 인간세상에서의 삶이 힘들기 보다는 유난히 챙겨주시던 부모님과 가족들이 그립다 라고까지 말한다. 지극한 효심의 나무꾼은 선녀의 불효를 공감하기 시작한다. 날개옷이 있다면, 남은 인생에 한 번만이라도 다녀오고 싶단다. 여기에서 나무꾼은 고민, 즉 갈등을 겪게 된다.

사랑하는 부인을 위로해 줄 방법을 알고 있지만, 아이 셋을 낳기 전에는 날개옷을 꺼내주지 말라는 노루의 경고에 의하면, 어떠한 일이 발생할지 모르기 때문이다. 노루를 찾을 수도 없는 노릇이기도 하다.

이럴 줄 알았다면, 아내가 날개옷에 대해 일찍 포기하게 만들었다면 좋았을지도 모른다. 그리고 선녀는 나무꾼이 날개옷을 숨긴 것을 알고 있을까?

이러한 과정을 5Why에 의한 인과관계로 정리해 보면 다음과 같다.

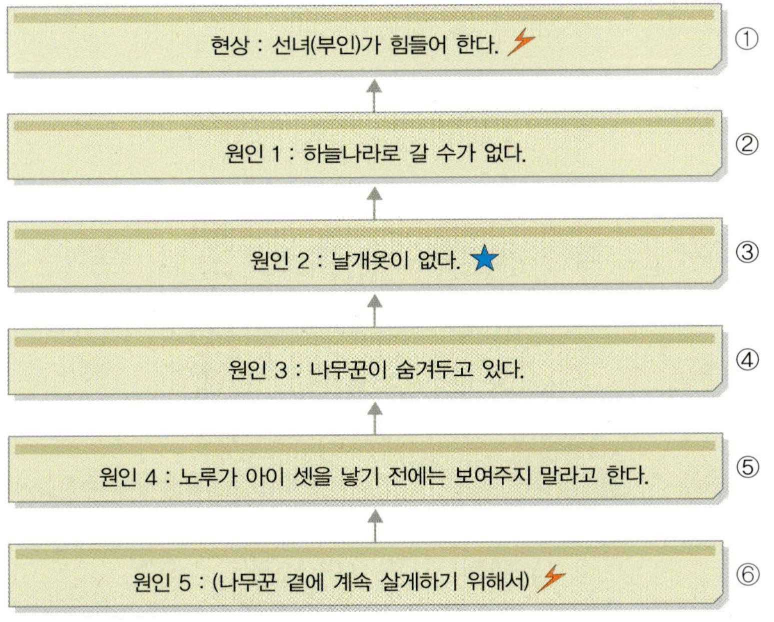

※작성 순서 : ①→⑥

정리된 인과관계를 통해서 모순을 정리해보면 다음과 같다.

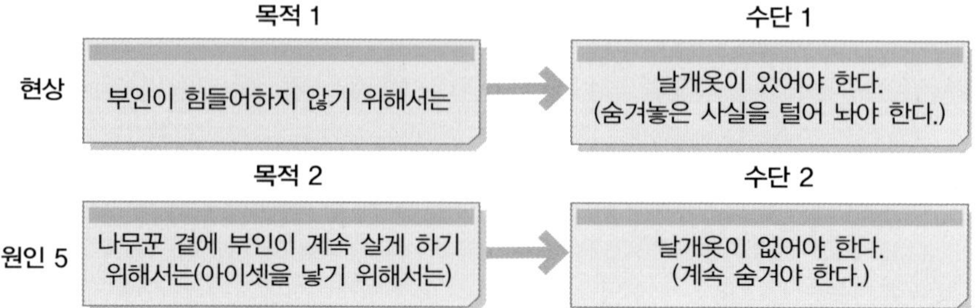

공동 목표는 '부인이 힘들어하지 않고, 나무꾼 곁에서 부인이 살아야 한다.'라고 볼 수 있다.

현재는 아이 둘, 하나의 아이를 더 낳을 때까지는 시간이 필요하다. 또한 힘들어하는 부인도 격려해 주어야 한다.

날개옷이란 선녀출신인 부인이 옷을 입으면 다시 하늘로 날아갈 수 있는 도구이다. 그래서 건네주지도, 그렇지도 못하는 상황이 된다. 나무꾼은 시간이 필요하고, 부인은 가족에게 다녀올 수 있는 날개옷이 필요하다. 여기에서 물리적 모순의 요소를 날개옷으로 좁혀 가보자.

해결책으로는, 숨기고 있었다는 사실 또한 부인에게는 충격이 될 수 있으니 숲 속을 돌아다니며 찾아보겠다고 하면서 날개옷을 여러 조각으로 분해한 후 하나씩 찾아다 준다. 또는 날개옷을 숨겼다는 사실, 아이 셋의 유무, 하늘나라로 가는 도구나 방법도 물리적 모순의 요소로 볼 수 있다.

추가적으로, 찾아다 주는 시간을 아이 하나를 더 낳을 때까지 최대한 연장해 본다.

어쩌면 아이 셋을 갖게 된 부인은 그리운 천상의 가족을 만날 수 없게 될지도 모른다.

2. RCA의 표현

나무꾼이 살려준 노루는 보답으로 좋은 정보를 하나 들려준다. 노루는 나무꾼에게 깊은 산속에 선녀들이 내려와 목욕을 하고 있는 선녀탕의 위치를 알려준다. 아이 셋을 낳을 때까지 날개옷을 숨기고, 돌려주면 안 된다고 말을 들었다. 어두운 밤 찾아든 곳엔 선녀들이 목욕을 하고 있었고, 노루의 말대로 날개옷을 숨기려고 한다.

하지만, 평생 노모를 모시며 효자로 살아온 나무꾼은 과연 이 순간 마음이 편했을까?

추측컨대 망설였을 것이다. 옷의 주인인 선녀가 예쁠까? 하는 고민은 할 수 있지만, 옷을 감추는 것은 양심에 어긋나는 행위일 수 있다.

노루의 목숨을 살려주는 보상으로 선녀에 대한 정보를 얻었지만, 그 보상에 대한 결과물은 양심을 속이고 옷을 훔쳐야 하는 것이다. 더구나 여자의 옷이다. 또한 이를 숨기고 평생 살아가야 한다면, 사랑한다는 마음보다 미안한 마음이 앞설 수 있다.

결국 나무꾼은 옷을 숨기고 평생 마음에 죄를 숨기고 살다가 우리가 알고 있는 다양한 일을 겪게 된다. 우리는 이러한 상황을 발생하는 것을 좋아하지 않는다.

옷도 숨기고(선녀가 다시 하늘로 올라가지 못하고), 죄책감도 느끼지 않을 방법이 있다면 어떠한 것이 있을까?

※작성 순서 : ① → ⑥

생각을 표현하는 방법을 다음과 같이 따라해 보자.

1) 문제의 상황을 한 가운데 표현한다(초기문제).

2) 초기문제의 상황으로 나타날 수 있는 1차 결과를 작성한다.

   A. 가급적이면 1차 결과를 통해 나타날 수 있는 2차 결과도 작성해 본다.

3) 문제를 일으키는 1차 원인을 찾는다.

A. 문제와 원인은 가급적 부정적으로 표현하면 수월하다.

4) 1차 원인을 결과로 두고, 다시 1차 원인의 원인인 2차 원인을 찾는다.

A. 여기선 초기문제와는 무관하다. 현재의 원인(현상)에 집중한다.

5) 해결 방향을 찾는다.

A. 문제의 원인을 표현하다 보면, 선택할 수 없이 긍정적인 표현이 나타나게 된다. 여기에 집중한다.

–모순을 일으키는 핵심 요소를 제공한다.

B. 또는 문제를 해결할만한 근본 원인이 있는지 탐색한다.

–일반적인 원인 탐색형 문제해결 구조이다. 제거할 방법을 생각하라.

6) 해결 가능한 방향으로 가설을 세운다.

7) 가설을 만족시킬 방법을 탐색한다.

RCA의 원인들은 입장과 상황에 따라 정답이 다르다. 그렇기 때문에 타인이 생각하지 못한 원인 고리를 찾아내는 것이 중요하다. 새로운 문제해결의 방향을 찾아보자. 자유롭게 상상하고 논리적으로만 표현하라.

여기서 도출할 수 있는 모순 상황은 다음과 같다. 모순으로 관찰할 수 있는 위치에 기술적 모순 ⚡로 표시해 보자. 그 사이에 물리적 모순에 해당하는 곳에 ★를 체크하자.

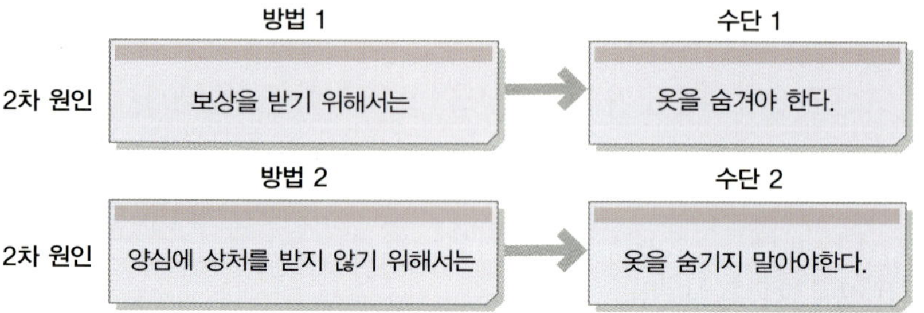

우리는 두 가지 방법 중에 하나를 선택하는 방향으로 문제를 해결해야 한다고 생각할 것이다. 나무꾼은 옷을 숨기면서 보상을 받지만 양심에 상처를 받게 되는 선택(타협)을 하게 된다.

더 좋은 해결책은 없을까?

예를 들면, **옷을 숨기면서 양심의 상처를 받지 않는 방법일 수도 있다.**

또 하나는, **옷을 숨기지 않고 노루를 살려준 대가를 받는 것이다.** 옷을 숨기지 않고도 선녀를 설득하거나, 선녀를 부인으로 맞이할 수 있는 방법이 될 것이다. 아주 멋진 나무꾼이었다면 어떻게 했을까?

양심이라는 것은 지극히 개인적 차이가 크다. 옷을 숨겨놓고 전혀 양심의 가책 없이 살아갈 수도 있지만, 나무꾼에게 심리적 갈등이 없었다고 단언할 수 없다.

나무꾼의 목적은 단순한 보상이 아니라, '아내로 맞이할 여인을 소개받는 것이다'라고 현상의 원인을 추가적으로 도출한다면 새로운 형태의 문제 상황(모순)으로 변화시킬 수 있다.

여기서, 아내로 맞이할 여인을 소개받고 양심의 상처를 받지 않는 방법으로 목적을 수정하는 것이 더 효과적일 수 있다.

꼭 초기에 설정된 목표를 그대로 이루기 어렵다면, 의미를 다르게 해서 새로운 목표를 탐색하여 설정하는 방법도 '근본 원인분석'에는 존재한다.(문제 5에서 설명)

날개옷은 기능이 천상으로 돌아가는 도구로서의 기능뿐만 아니라, 다른 이에게 자신의 몸이 보이지 않게 하는 기능(?) 또한 있을 수 있다.

목욕을 하는 모습을 나무꾼에게 들키고, 당당하게 천상으로 돌아갈 수 있을까? 돌아간다 하더라도 천상에 가서 천상의 명예를 더럽힌 죄를 추궁 받을 수도 있다.

나무꾼이 선녀의 옷을 깔고 누워 잠을 자는 척한다면, 선녀가 와서 당당하게 옷을 내놓으라고 요청하기 힘들 수 있다. 또, 다른 선녀가 존재한다면 다른 선녀의 옷에 묶어두어서 가지고 올라가도록 하게 할 수도 있고, 무거운 돌을 매달아서 날아오르지 못하게 할 수도 있지 않을까?

날개옷의 기능에 집중한다면, 날아오를 수 있는 기능을 하는 부분을 해체하거나, 여벌의 사람옷으로 날개옷처럼 보이게 해서 못 올라가게 할 수도 있다.

우리는 여기서 많은 정보를 요구하게 되며, 원인분석에 대한 결과는 증명을 위한 실험을 요구하기도 한다.

3. 근본 원인분석의 일반적 방법 활용 가능

열심히 일을 하는 나무꾼에게 갑자기 뛰어 들어온 노루 한 마리.

더욱 놀라운 것은 노루가 말을 건네는 것이다.

이것은 민담이고, 선녀도 등장하는 민담인 만큼 인간세상의 현실로만
나타나는 것은 아닐 것이다. 우리는 이제 여기에 익숙해져 보자. 나무꾼
은 열심히 나무를 한짐 매고 내려가 밀려있는 집안일에 집중해야 하기
에 땀을 뻘뻘 흘린다고 상상하고 싶다.

혹 다른 상상이라면, 나무꾼의 직업적 특성상 가진 텃밭도 없고, 산에
있는 나무를 마을에 팔아 생계를 유지하는 가난한 삶의 대표적인 직업
이다. 그러나, 땔감나무 판매가 가능하던 시대라는 것은 집안의 하인을
시켜 나무를 해오게 하는 것보다 저렴한 상황이 아닐까? 어설픈 집안의
하인들이 해오던 나무보다 전문인력인 나무꾼이 해온 나무가 불도 잘
붙고, 연기도 덜 나고 한다면, 한짐 구매의 효과가 좋은 것이다.

나무를 조직적으로 수거하기 위해 팀을 꾸리고, 양질의 나무를 선별
하여 판매하거나, 약재나무를 찾아 가공하여 판매하는 나무꾼이었다면

상황이 달라지지 않을까?

꼭 나무꾼이 세상물정을 모르는 가난한 상황이었을 것이라는 생각을 버리자. 노루가 헐레벌떡 달려와 살려달라고 한다. 말을 하지 않았다면 들고 있던 도끼의 방향이 나무가 아니었을 수 있다.

사실 나무 한짐보다 더 비싼 것이 노루 한 마리 아닐까? 또한 어머니(나중에 등장하게 되지만)에게 고기 맛을 보여드릴 수도 있는데 말이다.

여기서 말하는 노루는 신기한 노루다. 나무꾼은 노루의 말에 귀를 기울인다. 사냥꾼이 쫓아오니 살려달라는 것이다.

살려달라는 것은 자신에게도 사냥꾼에게도 죽음을 당하지 않게 해달라는 것.

쉽지 않은 선택이다.

이 상황을 RCA로 도식화해 보면, 아래와 같이 생각해 볼 수 있다.

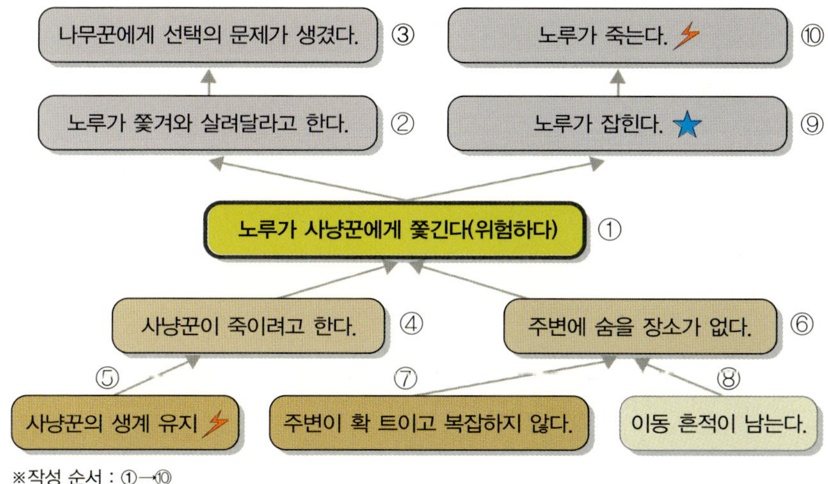

※작성 순서 : ①—⑩

추가적으로 문제를 해결할만한 근본 원인이 있는지 탐색한다.

A. 일반적인 원인 탐색형 문제해결 구조를 찾자.

'이동 흔적이 남는다'가 근본 원인이라면 '이동 흔적을 남기지 않는다면, 노루가 사냥꾼에게 쫓기지 않는다.'라는 추론을 세울 수 있다.

B. 모순 정의를 통한 문제해결 구조를 찾자.

노루가 사냥꾼으로부터 쫓겨와 나한테 살려달라고 말을 한다.

실제적으로 노루는 사람보다 빠르다. 열심히 뛰어가면 사람으로부터 벗어날 수 있을텐데 말이다. 이 노루는 심각하게 살이 쪘거나, 다쳤을지 모른다.

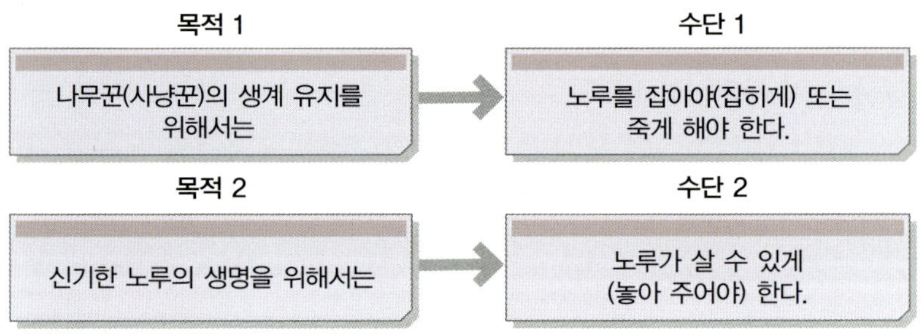

어쩌면, 문제정의 시 목적은 해결책을 제시하는 데에서 크게 중요하지 않을 수도 있다. 목적이란 각각의 입장에 따라 다르게 정의될 수 있는 것이기도 하다. 하지만 이 목적의 정의는 큰 목표 설정을 위해서 중요하다고 생각된다. 우리는 나무꾼의 이익과 노루의 이익을 둘 다 줄 수 있는 해결책을 요구하게 된다. 현재 상황에서 노루를 살려주면서 얻게 되는 표면적으로 드러나는 이익은 없다. 생각이 있는 노루라면 나무꾼과 좀 더 흥미 있는 거래를 하지 않았을까? "살려주시면 보답을 하겠습니다." 또는 "살게 되면 결혼하게 해드리겠습니다." 등의 조건이 존재해야 하는데, 이러면 나무꾼이 너무 속보이고 민담에 등장할만한 착한 인물이 되지 못할지도 모른다.

위의 상황은 노루를 무조건 살려줘야 하는 행위에 대한 이익이 없다.

살려주는 착함을 베풀어야 하는 것….

인간의 삶에는 이러한 일들이 많다. 인간이기에 이익이 없거나 손해를 보더라도 선택해야 하는 일들이 무수히 많다. 하지만 여기서는 그런 생각을 조금 지워버려야 할 것 같다. 노루, 나무꾼, 사냥꾼의 이익을 모두 생각해 보자.

문제해결의 방향은

– 방향 1 : 노루를 잡히게 하면서 목적 2를 만족시키는 방법과
– 방향 2 : 노루를 놓아주면서 목적 1을 만족시키는 방법이 있다.

나무꾼은 노루를 놓아주면서 예상치 못한 노루의 보답을 받게 된다. 방향 2에 가깝게 해결책이 적용되었다. 하지만, 현실에서는 예상치 못한 보답을 기대하며 해결책을 제시하는 것은 받아들여지기 힘들 수 있다. 더구나, 사냥꾼의 이익은 없다.

방향 1로 해결책을 접근해 보자. 노루를 잡게 되지만, 노루의 생명을 살려주는 방향이다. 여기에 나무꾼과 사냥꾼의 생계를 유지할 수 있는 방법이 있다면 더더욱 좋은 방향일지도 모른다. 노루를 일단 생포해서

장터에 간다. 말하는 노루를 통해 수익을 낼 수 있고, 유명해질 수도 있다. 대화가 통하는 노루이니, 동물원 같은 것을 만들어 말하는 노루를 보러 오는 손님들로부터 입장료를 받을 수도 있는 것은 아닐까? 학대가 아닌 먹을 것을 충분히 주고, 외출도 시켜주면서 말이다.

하지만, 노루에게 있어서 부귀영화는 무엇일까?

4. 모순을 선정하는 위치는 무제한

날개옷을 입고, 천상으로 올라갈래 말래?

나무꾼이 사냥꾼에게 쫓기는 노루를 숨겨 주었더니, 노루는 은혜의 보답으로 선녀들이 목욕하고 있는 곳을 일러 주며, 선녀의 날개옷을 감추고 아이를 셋 낳을 때까지 보여 주지 말라고 당부한다. 노루가 일러준 대로 하여 나무꾼은 한 선녀를 데려다 아내로 삼는다.

아이를 둘까지 낳고 살던 어느 날 선녀가 나무꾼에게 날개옷을 보여 달라고 한다. 나무꾼은 선녀에게 날개옷을 보여준다. 날개옷을 보게 된 선녀는 옷을 입게 되고, 선녀의 몸이 공기처럼 점점 가벼워지는데….

나무꾼으로부터 날개옷을 돌려받고 그 동안의 사정을 듣게 된다. 노루의 이야기부터 시작해서 지금의 상황까지 한편으로는 억울하다. 천상에서 귀하게 자라기만 한 선녀는 인간세상에서 가난한 홀어머니를 모시는 나무꾼의 아내로 살아온 것이다. 배신감이 들지만, 그 동안의 살아온 정이 있어 고민하게 된다. 날개옷을 당장이라도 입게 되면 그리운 천상으로 올라가 자신의 부모님과 그리운 가족들을 만나 편안한 생활을 할 수도 있을테니 말이다. 하지만, 수년을 나무꾼을 믿고 살면서 신뢰도 쌓였고, 아이들도 있다. 또한 연로하신 어머니도 있다.

자신의 소원을 성취하기 위해서는 자신을 바라보는 사람들을 져버려야 하는 상황이다. 이대로 천상으로 돌아간다 하더라도, 지금까지 단 한번도 찾아와주지 않았는데 자신을 반갑게 맞이하여 줄 것인가에 대한 의문도 든다.

우리는 여기서 새로운 형태의 모순 고리가 만들어진 것을 볼 수 있다. 기존에는 상하 관계에서 모순을 도출했다면 하나의 현상에 대한 상반된 결과를 초래할 때, 이 또한 모순 정의의 포인트가 될 수 있다.

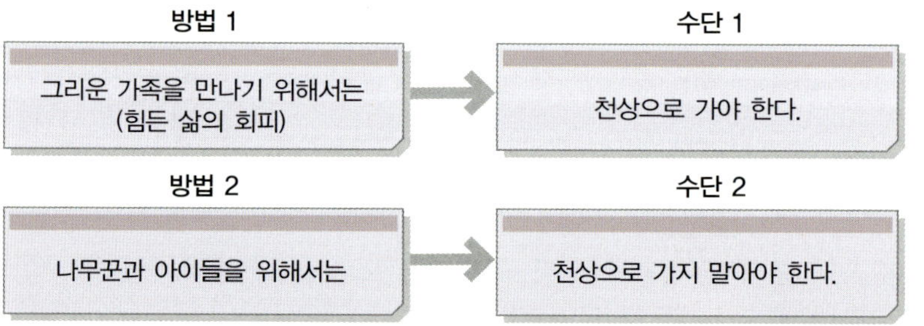

우리가 알다시피 선녀는 아이들만 데리고 천상으로 가버렸다. 어찌 보면 냉혹하다 할 수 있지만 한치의 망설임도 없이 떠나버린 것에는 그 동안의 삶이 무척이나 힘들었을 거라는 동정심도 갖게 된다. 데리고 간 아이들이 천상의 삶에 잘 적응할 수 있을지도 궁금하다. 출신 성분이 다르다고 외면당할 수도 있을텐데 말이다.

여기서 이런 방향을 제안해 본다. 천상으로 가지 않으면서 그리운 가족을 만날 수 있는 방법을 찾는 것이다. 단순히 가족이 그리운 것이 아니라, 인간세상에서의 삶이 힘들고 고단한 것이라면, 나무꾼의 삶을 풍요롭게 만드는 방법이 있을 수 있다. 하지만, 천상에서 인간세상과의 사이에 어떠한 규정을 가지고 있는지 알지 못하니, 답답하지만 행복한 결말을 내려 보고 싶다. 천상에 가지 않고 가족들이 내려와 만날 수 있을 만한 방법을 찾아보자.

선녀가 목욕을 하기 위해서 내려온 것으로 보면, 천상에서는 목욕을 하기 위해서 인간세상으로 내려올 수 있는 것으로 보인다.

천상의 사람들을 위한 목욕탕을 근사하게 차려보는 것은 어떨까? 아니면, 하늘나라로 올라간 뒤에 나무꾼에게 자신을 잊고 지낼만한 방법을 알려 주었다면 더 이상 고난이 닥쳐오지 않을 수도 있다.

5. 초기문제에서 탈피

선녀는 나무꾼에게 목욕하는 모습을 들켜서 나무꾼을 따라가게 되고 결혼을 하게 된다. 결혼을 하는 것이 천상의 법도에 있는 것일까? 우여곡절 끝에 나무꾼을 따라가 집에 도착하니 나무꾼과 함께 평생을 살아가야 하는 것이 더 힘들게 느껴질 수도 있다. 제대로 결혼식을 치르기 힘들 수도 있고, 인간세상의 삶이 순탄치 않을 것임을 누구보다 잘 알지 않았을까?

이러한 상황에 대해 요즘 세대의 여성들에게 질문을 해본다면 어떠한 답변이 돌아올까? 더욱이 남성의 입장에서는 한계라는 것이 존재한다.

사랑했던 사이도 아니고, 자신의 치부를 들켜 결혼하게 된다라는 것이 더 수치스러울 수 있다. 혹시, 이 모든 상황을 알고 착한 인간을 만나기 위해서

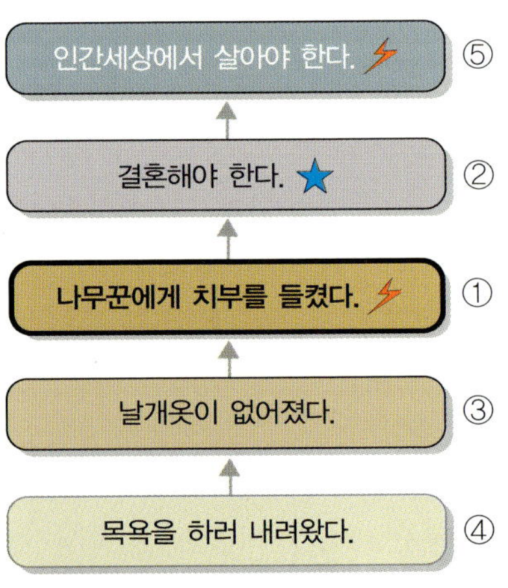

일부러 목욕을 하러 내려왔던 것은 아닐까?

설정된 초기문제는 나무꾼에게 치부를 들킨 것이었다. 이미 발생되어진 현상이라 해결 자체가 불가능하다. 우리는 문제를 분석하면서 초기문제에 너무 집착하는 경향이 있다. RCA에서는 모순 포인트 안에서 초기문제를 과감하게 버릴 수 있다. 치부를 들킨 것이 문제가 아니라 결혼하느냐 마느냐에 대한 문제로 변경해 버린다면, 심리적 부담을 줄일 수 있다.

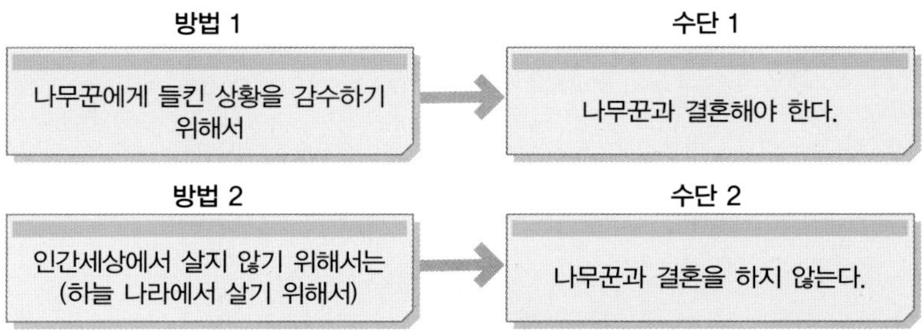

결국 선녀는 나무꾼과 결혼하게 되지만, 나무꾼이 아닌 다른 인간을 만나고 싶은 욕심이 있을 수 있다. 나무꾼을 설득해서, 천상으로 올려 보내 준다고 설득해 볼 수도 있고, 더 나은 부귀영화를 부여해 줄 수 있을지도 모른다.

요즘 세대였다면, '사랑하게 되면'이라는 조건을 붙여서 시간적 여유를 갖을 수도 있다.

CHAPTER 4

아리즈

SK 하이닉스 김성환

- SK 하이닉스 TRIZ 사내강사
- 연세대학교 세라믹공학과 학사
- 서경대학교 6시그마과 석사(MBA)
- 7H Facilitater
- MATRIZ Level 3

SK 하이닉스 오동석

- 한국품질명장(대통령 임명)
- SK하이닉스 Flash PKG & TEST 그룹 TRIZ 연구회장
- 전국 품질분임조 경진대회 제안상부문 금상(대통령상)
- MATRIZ Level 3

아리즈

아리즈(ARIZ)는 TRIZ의 문제해결 알고리즘으로서, 1956년도에 ARIZ 56이 처음 만들어졌다. ARIZ는 트리즈의 총체적 결정판이라 할 수 있으며, '창의적 문제해결 알고리즘(Algorism for Inventive Problem Solving)'이라는 러시아어 글자의 머리글자의 영문표기를 따온 것이며, ARIZ 85C는 알트슐레르가 완성시킨 가장 마지막 작품이다.

알트슐레르가 완성시킨 ARIZ 85C 이후에도 지속적으로 보완되고 발전해오고 있는 ARIZ는 많은 버전으로 변형되고 있지만 모두 ARIZ 85C를 기반으로 크게 변하지 못하고 있다. 그만큼 ARIZ는 완벽하고 체계적인 문제해결 과정을 가지고 있다고 할 수 있다.

아리즈는 트리즈의 도구들 중 가장 어렵고 난이도가 높은 도구로 알려져 있다. 하지만, 가장 강력한 도구이므로 그 과정을 성실하게 단계적으로 수행해 나갈 것을 권장한다.

아리즈의 핵심은 기술모순에서 물리모순을 밝혀 내는 과정이며, 이 과정을 마이크로 레벨까지 문제의 초점을 다루고 있어 문제의 근본 핵심을 찾을 수 있도록 도와준다. 또한 트리즈의 여러가지 도구들을 단계적으로 활용할 수 있도록 길을 제시해 주는 도구이다.

문제의 핵심을 명확하게 하고 넓은 영역의 자원으로 문제를 해결할 수 있도록 도와주는 도구가 바로 트리즈의 결정판이라 할 수 있는 ARIZ인 것이다.

오늘도 나무꾼은 산에서 장에 내다 팔 나무를 하고 있던 중에, 숲 저쪽에서 노루가 달려와 무서운 사냥꾼에게 쫓기고 있으니 숨겨달라고 '(사람의) 말'을 하는데, 이 불쌍한 노루를 살려줄 건지 말 건지 고민하는데….

나무꾼은 나무를 해서 장에다 내다 팔아 생계를 유지하는 아주 어려운 형편이었다. 게다가 요즘 들어 나무꾼들이 많아져, 나라에서도 나무를 많이 할 수 없도록 제한하고 있었다.

어느 날 나무꾼이 산에서 나무를 하고 있는데 어디선가 노루가 나타나서 사냥꾼이 쫓아온다며 살려달라고 애처롭게 애원하니, 나무꾼은 문득 노루가 가여워 보였다. 하지만 같은 처지의 사냥꾼도 모른 척 할 수는 없었다. 얼마 전에 동물보호 단체에서 나라에 사냥 금지를 요청해서 사냥에도 제한이 생겼기 때문이다.

나무꾼은 잠시 고민에 빠지는데….

각자의 목적을 보면 노루는 살고자 하는 것, 사냥꾼은 노루를 사냥하는 것, 나무꾼은 양심적인 행동이다.

노루의 행방을 숨기면 노루는 살릴 수 있지만 노루를 놓친 사냥꾼의 생계가 어려워 질 수 있다. 어떻게 하든 한쪽이 피해를 보게 되니, 내게 양심적인 방법이 필요해졌다. 어떻게 하지? 나무꾼은 고민에 고민을 거듭한다. 노루도 살리고 사냥꾼도 살릴 수 있는 방법이 없을까 고민한다.

그러다가 문득 좋은 방법이 생각 난다. 여기는 숲 속이고 사냥꾼이 사냥할 것은 많은데, 그 중에 하나를 알려 주면 좋을 것 같다. 요즘 들어서 마을 인근의 가축을 물고 가는 호랑이가 있다고 알려 주면 어떨까? 분명 노루보다 사냥하기에는 어렵지만 돈벌이는 더 될 것이다.

그 때, 사냥꾼이 나타난다.

"여보시오. 나무하는 양반, 혹시 이쪽으로 달아나는 노루를 보지 못했소?"

"아! 사냥하시는 분이군요. 노루는 저쪽으로 뛰어가서 잘 모르겠소만, 우리 마을에 나타나는 호랑이를 좀 해결해 주쇼."

사냥꾼은 적이 놀란다.

'아니, 마을에 호랑이가 출몰하나?'

나무꾼은 불쌍한 표정을 지으며 "오래 되었구면유, 한 6개월 남짓 출몰하면서 닭이랑, 돼지, 게다가 개까지 물어가 버린다우."

"어떻수, 우리 마을에 숨어 있다가 호랑이를 잡아 주시면?"

"나야, 더할 나위 없이 좋소. 숨을 장소와 미끼로 쓸만한 노루를 잡아서 갑시다."

나무꾼은 잠시 당황한다. 하지만

"노루는 이미 멀리 도망갔을 거유. 하지만 우리 마을에 아직 닭이랑, 돼지가 있으니 이것을 미끼로 사용합시다."

"좋소, 노루는 잡아봐야 하루 양식이지만, 호랑이는 고기도 팔 수 있고, 털과 뼈는 비싼 값에 거래되니 그것이야 말로 더 좋은 일이니.”

이리하여 나무꾼은 노루의 생명도 구하고 사냥꾼의 생계도 유지할 수 있게 해 주었다. 무엇보다 자기의 양심도 살릴 수 있어 뿌듯해 하였다.

아리즈로 풀어낸 해결 방법

문제 상황

제약조건 나무꾼은 양심적인 해결안을 찾아야 하고, 비용도 들지 않아야 한다.

문 제 여기서 나무꾼은 노루를 살려주는 문제를 해결해야 한다.

1. 문제 분석

1-1. 작은 문제 : 현미경을 보는 것처럼, 문제의 중요한 부분만 집중해서 작은 문제로 들여다 본다면, 노루를 살려주는 주변 상황은 나무꾼, 사냥꾼, 노루, 총, 나무, 지게 등이 있다.

- TC-1 : 만약 노루의 행방을 사냥꾼에게 알려 준다면, 사냥꾼은 생계를 챙길 수 있지만 가여운 노루는 죽게 된다.
- TC-2 : 만약 노루의 행방을 사냥꾼에게 알려 주지 않는다면, 노루는 살릴 수 있지만 사냥꾼은 생계를 챙길 수 없다.
- 목표 : 나무꾼이 알아내야 하는 방법은 최소한의 변경으로 노루의 죽음 없이 사냥꾼이 생계를 챙기도록 하는 방법이다.

1-2. 모순 요소 : 우선 기술적 모순에서 나타난 생성물과 도구를 정해야 한다.

- 생성물 : 나무꾼의 행동에 의해 상황이 변하는 노루와 사냥꾼이 된다.
- 도구 : 나무꾼의 행동은 노루의 행방에 대해 알려주거나, 알려주지 않는 것이다.

1-3. 기술적 모순 도식화 : 이러한 모순의 상황을 그림으로 그려보면

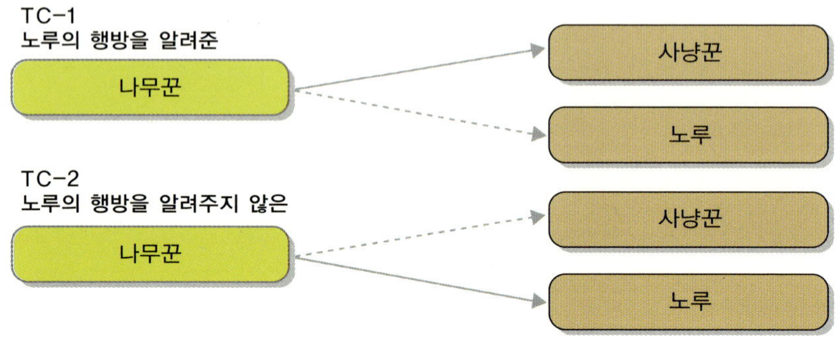

1-4. 도식모델 선정 : 나무꾼은 생명을 소중하게 생각하기 때문에 노루를 살
리는 기술적 모순 TC-2를 선택한다.

1-5. 모순 심화 : 노루의 행방을 알려주지 않는 것을 심화하여 보지 못했다면?

1-6. 문제 모델링 : 문제를 이렇게 나타내 보자.

1) 사냥꾼과 노루가 있지만 나무꾼이 본 노루는 없다.

(대립하는 쌍 : 나무꾼과 사냥꾼)

2) 노루의 행방은 사냥꾼에게 사냥감을 주지만 노루는 자신의 행방 때문에
죽을 수 있다.

나무꾼이 노루를 보지 못한 상황에서는 노루는 목숨을 구할 수 있지만 사
냥꾼은 사냥감을 잃어 기다리는 식구들의 끼니를 해결 못할 수 있다.

3) 나무꾼이 노루를 보지 못해 노루의 목숨을 지킬 수 있으면서 사냥꾼이 사
냥감을 얻을 수 있도록 해줄 어떤 방법(X-요소)이 필요하다.

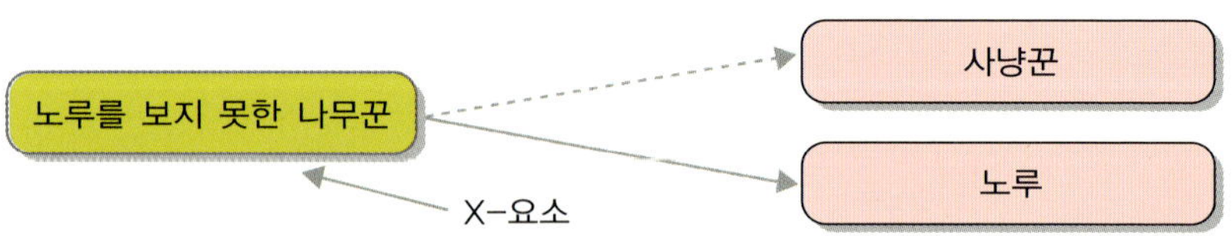

1-7. 표준해 적용 : 일반적인 표준 해결안을 찾아보자.

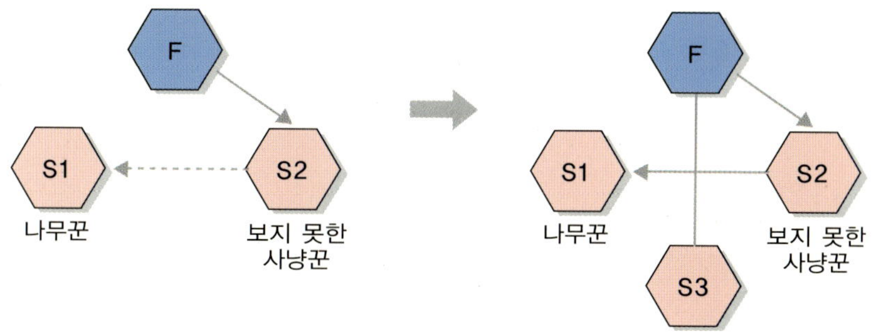

2. 자원 분석 : 내 주변에 문제를 해결할 수 있는 것들이 있는지 알아보자.

2-1. OZ(Operating Zone) : 문제가 발생하는 영역은 어디인가?

　　숲 속 나무를 하던 자리

2-2. OT(Operating Time) : 문제가 발생하는 시간은 언제인가?

　　• T1 : 나무꾼이 사냥꾼을 만나는 시간

　　• T2 : 나무꾼이 사냥꾼을 만나기 이전과 이후

2-3. 사용 가능한 물질과 장의 탐색 : 문제를 해결할 수 있는 것들을 정리

　　1) 노루를 보지 못한 상황(시스템) 내부 물질-힘(장) 자원들

　　　① 도구의 물질장 자원 : 나무꾼, 보지 못한 노루

　　　② 생성물의 물질장 자원 : 노루, 사냥꾼

　　2) 노루를 숨겨주는 상황(시스템) 외부(주위환경) 물질-힘(장) 자원들

　　　① 문제 조건에 의해 주어지는 주위환경의 물질장 자원 : 도끼, 지게, 나
　　　　무, 풀, 장작더미, 계곡,… 등

　　　② 보편적인 주위환경의 물질장 자원 : 공기, 바람, 비, 계곡물,… 등

3) 노루를 숨겨주는 것과 관련된 유사한 다른 환경(상위 시스템)의 물질-
(장) 자원들
① 불필요하다고 판단되는 부산물 : 숲, 낙엽, … 등
② 저렴한 비용의 외부자원 : 숲, 숲 속 다른 동물, 유해한 동물들,… 등

3. 이상해결책과 물리적 모순의 정의

3-1. 이상해결책(IFR)-1 정의

X-요소는 시스템을 복잡하게 하지 않고 동시에 추가적인 유해작용 없이 나무꾼이 사냥꾼을 만나는 시간(T1) 혹은 사냥꾼을 만나기 전의 시간(T2)에, 나무꾼이 숲 속에서 나무를 하던 자리(OZ)에서 노루의 목숨을 구하는 것을 유지하면서 사냥꾼의 생계를 해결해야 한다.

3-2. 이상해결책(IFR)-1 심화

노루를 보지 못한 상황에서 다른 동물은 볼 수 있다. 숲 속 다른 동물들은 시스템을 복잡하게 하지 않고 동시에 추가적인 유해작용 없이 나무꾼이 사냥꾼을 만나는 시간(T1) 혹은 사냥꾼을 만나기 전의 시간(T2)에, 나무꾼이 숲 속에서 나무를 하던 자리(OZ)에서 노루의 목숨을 구하는 것을 유지하면서 사냥꾼의 생계를 해결해야 한다.

3-3. 매크로 수준의 물리적 모순

숲 속 다른 동물들은 작용시간(OT) 동안 노루의 목숨을 구하기 위해서는 원래대로 이어야 하고, 동시에 사냥꾼의 생계를 위해서는 사냥감이 아니어야 한다.

3-4. 마이크로 수준의 물리적 모순

숲 속 다른 동물들은 작용시간(OT) 동안 노루의 목숨을 구하기 위해서는 최

고의 사냥감이어야 하고, 동시에 사냥의 생계를 위해서는 최고의 사냥감이
아니어야 한다.

3-5. 표준해 적용으로 물리적 모순 해결

- Group 1-1 물질장 모델 구성
- 표준해 1-1-3. 물질 외부에 첨가물 도입

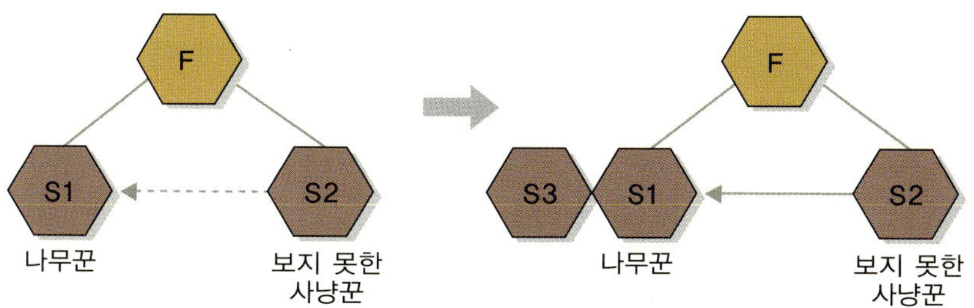

사냥꾼에게 노루를 못 보았다고 해서 노루의 생명을 구하고(최고의 사냥감
이 아니다), 마을에 자주 내려와 가축을 잡아먹는 호랑이가 있는 곳을 알려
준다(최고의 사냥감).

발생하는 추가 효과 : 마을 사람들의 안전

사냥꾼에게 노루는 보지 못했지만 숲 속의 다른 큰 사냥감이 많은 곳을 알
려 준다.

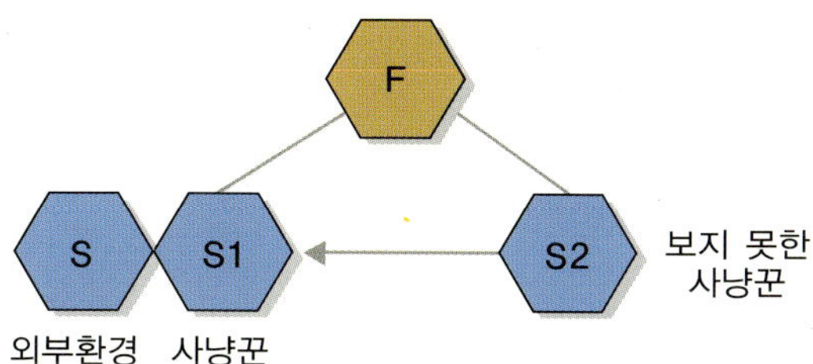

많은 아이디어들이 떠오르면 그 중 가장 저렴하고 효과적인 방법을 선택하
면 된다. 이제 노루는 사냥꾼의 생계 수단이지만 아닌 것이다.

2. 선녀옷을 훔칠래 말래?

나무꾼이 사냥꾼에게 쫓기는 노루를 숨겨 주었더니, 노루는 은혜의 보답으로 선녀들이 목욕하고 있는 곳을 일러 주며, 선녀의 날개옷을 감추고 아이를 셋 낳을 때까지 보여 주지 말라고 당부한다.

노루가 일러준 대로 가보니 선녀가 목욕을 하고 있었다. 그러나 나무꾼은 선녀의 옷을 훔칠건지 아니면 훔치지 않을 것인지 고민하게 된다. 훔치면 아름다운 선녀를 아내로 맞이할 수 있으나 훔치는 것은 나쁜 짓이라 고민하고 있는 것이다.

나무꾼은 생각한다. '선녀옷을 훔치면 노루가 말한 대로 선녀와 살 수 있게 되어서 좋긴 한데….' 하지만 착하게만 살아온 나무꾼으로서는 누군가의 옷을 훔치는 절도 행위로 인해 선녀로부터 받을 비난과 그로 인해 선녀의 마음을 얻지 못할 거라는 고민을 하게 된다.

우리의 착한 나무꾼은 어떤 선택을 해야 하나?

이때 나무꾼은 동네에서 자신과 비슷한 처지의 친구 생각이 난다. 착한 나무꾼은 이런 상황에서도 자신보다 불쌍한 친구의 처지를 먼저 생각하니 너무 착한 사람이 아닌가!

내용은 이렇다. 그 동네에는 노총각으로 홀어머니를 모시는 나무꾼이 있는데 신혼 초이지만 너무 가난한 사람이다. 자세히 살펴보면 이 친구가 더 불쌍한 상황이다. 선천적으로 힘이 약해 아무리 열심히 나무를 해도 늘 남보다 적어 수입이 많지 않다.

나무꾼은 친구를 찾아 동네에 내려간다.

그러곤, 친구에게 이 상황을 얘기한다.

"글씨, 내가 나무를 하다가 노루를 도와줬는디, 글씨 이노무 노루가 여차저차… 하라구 하드라구."

친구가 묻는다.

"글씨, 노루가 참 말을 한 것이 맞나? 혹시, 자네를 놀리는 것이 아니여?"

나무꾼이 다시 말한다.

"내가 가서 확인했구먼. 긍께, 나는 이렇게 해서 장가를 가면 되는디 이 기회에 니도 좀 살만해야 되지 않겠냐?"

이리하여 두 나무꾼은 선녀탕을 함께 찾아간다.

나무꾼의 친구는 선녀탕에서 선녀를 보고는 눈이 휘둥그레진다.

나무꾼에게 묻는다.

"그라니께, 저 옷이 그리 비싼 옷이여?"

"그려, 좀 가격이 나가구 말구, 만약에 팔기가 거시기 하면, 내가 나중에 사줄 것이구먼."

"참말이제, 안 팔리면 니가 사주는 것이제?"

나무꾼이 말한다.

"알았어야. 니가 못 팔문 내가 사줄 것이구먼, 니 엄니와 각시를 생각혀야." 친구는 망설이다가 이내 1벌의 옷을 훔치고 어둠 속으로 도망간다.

나무꾼은 말한다.

"한동안은 저 친구도 살림이 좀 나아져야 쓰건는디, 쯧쯧"

이리하여 나무꾼은 어떻게 보면 친구도 도와 준 셈이 되고, 선녀의 날개옷은 알아서 사라진 것이 되었다.

선녀옷을 잃어버린 선녀를 설득하여 집으로 데리고 온 나무꾼은 선녀와 행복하게 살았다. 그저 선녀가 선녀옷을 보고 싶다고 하기 전까지지만….

그럼 이제부터 앞서 배운 아리즈로 문제를 풀어가 보자.

문제 상황

이번 상황에서 나무꾼이 꼭 지켜야 하는 것이 있다면 선녀의 옷 1벌만 훔치는 것이다. 노루가 제시한 사항이므로 이유 불문하고 지키는 것으로 한다. (제약 조건과 문제)

1. 문제 분석

1-1. 작은 문제

먼저 문제 상황 중심으로 어떤 요소들로 구성되어 있는 지 살펴보자. 주변 상황은 선녀, 날개옷, 연못, 다른 선녀들, 나무꾼 등이 있다.

- TC-1 : 만약 선녀의 옷을 훔친다면 선녀와 같이 살 수 있게 되지만, 날개옷을 훔친 사실로 인해 선녀에게 첫인상이 좋지 않고 떳떳하지 못하다는 비난

을 받게 된다. 비난을 받고 같이 살게 되면 내내 마음이 불안할 것이다.

- TC-2 : 만약 선녀의 옷을 훔치지 않고 지켜보기만 한다면 비난 받을 일이 없어지지만, 선녀랑 살 수 있는 기회가 없어진다.
- 목표 : 나무꾼은 마음의 비난을 받는 일이 없이 선녀옷을 훔쳐서 선녀랑 살 수 있어야 한다.

1-2. 모순 요소 : 생성물은 선녀랑 사는 것과 비난을 받지 않는 것이고, 도구는 선녀의 옷을 훔치는 것과 훔치지 않는 것이라고 할 수 있다.

1-3. 기술적 모순 도식화 : 모순의 상황을 그림으로 그려보면

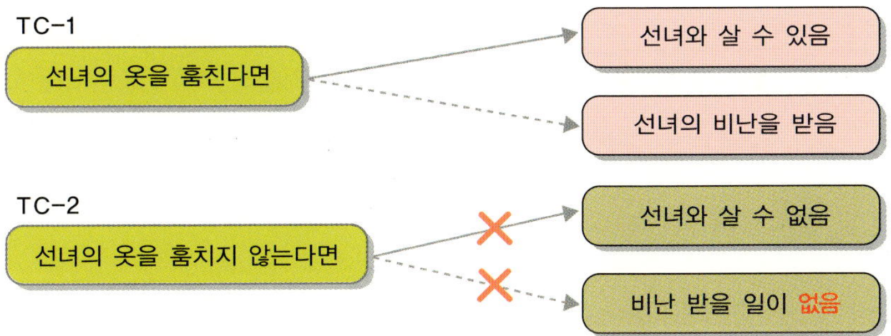

1-4. 도식모델 선정 : 나무꾼은 선녀랑 살기 위해 선녀탕에 간 것이므로 첫 번째 모순을 선택

1-5. 모순 심화 : 훔친다는 행위에 심화할 내용이 없으므로, 모순 심화는 하지 않아도 됨

1-6. 문제 모델링 : 문제를 이렇게 나타내 보자.

1) 심화된 모순 쌍 : 선녀의 옷을 훔치는 것과 훔치는 행위에 대한 비난을 받지 않기

2) 심화된 모순 정의 : 만약 선녀의 옷을 훔친다면 선녀와 같이 살 수 있게 되지만, 선녀옷을 훔친 사실 때문에 정당하지 못하다는 비난을 받게 된다.

3) 문제 해결을 위해 도입된 X-요소가 무엇을 해야만 하는가? 선녀의 옷을 훔쳐서 같이 살 수 있게 되면서도 비난을 받지 않게 하는 어떤 X-요소가 필요하다.

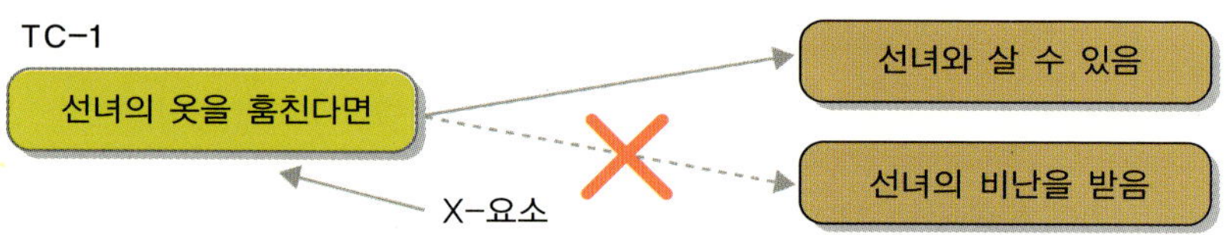

1-7. 표준해 적용

일반적인 표준 해결안을 찾아보자. 알트슐레르는 기술모순에서 표준화된 해결안을 찾을 수 있을 지 적용해 보라고 하면서도, 계속 진행할 것을 권장하고 있다.

여기서는 생략하기로 한다.

2. 자원 분석 : 내 주변에 문제를 해결할 수 있는 것들이 뭐가 있는지 알아보자.

2-1. OZ(Operating Zone) : 문제가 발생하는 영역은 어디인가?

　　선녀탕 및 주변

2-2. OT(Operating Time) : 문제가 발생하는 시간은 언제인가?

- T1 : 선녀가 목욕할 때
- T2 : 선녀가 목욕하기 전

2-3. 사용 가능한 물질과 장의 탐색 : 문제를 해결할 수 있는 것들을 정리

   1) 나무꾼과 선녀가 목욕하는 선녀탕(시스템) 내부 물질-힘(장) 자원들

      ① 도구의 물질장 자원 : 훔친 선녀옷

      ② 생성물의 물질장 자원 : 마음의 가책

   2) 나무꾼과 선녀탕(시스템) 외부(주위환경) 물질-힘(장) 자원들 : 나무꾼의 지인, 가족, 다른 선녀, 지게, 동병상련(솔로)의 친구 등

      ① 문제 조건에 의해 주어지는 주위환경의 물질장 자원 : 산, 숲 등

      ② 보편적인 주위환경의 물질장 자원 : 공기, 바람, 밤, 별, 달, 메아리, 좋은 인상주기 등

   3) 선녀의 생활과 관련된 유사한 다른 환경(상위 시스템)의 물질-힘(장) 자원들

      ① 불필요하다고 판단되는 부산물 : 정의감

      ② 저렴한 비용의 외부자원 : 우정, 산골 사람들의 순박함, 친구에게 알리기

3. 이상해결책과 물리적 모순의 정의

3-1. 이상해결책(IFR)-1 정의

X-요소는 시스템을 복잡하게 하지 않고 동시에 추가적인 유해작용 없이 선녀가 목욕하는 동안(T1) 혹은 선녀가 목욕하기 전(T2)에, 선녀탕 및 주변에서(oz) 선녀의 옷을 훔쳐 선녀가 천상으로 올라가지 못하고 나무꾼과 살게 되면서[유익작용의 유지] 훔치는 것에 대한 비난을 받지 않아야 한다.[유해작용의 제거]

3-2. 이상해결책(IFR)-1 심화

훔치는 행위에 대한 고민을 해결해야 하기 때문에 형편이 비슷한 친구와 같

은 지인을 도입한다. (친구)[X-요소]는 시스템을 복잡하게 하지 않고 동시에 추가적인 유해작용 없이 선녀가 목욕하는 동안(T1) 혹은 선녀가 목욕하기 전(T2)에, 선녀탕 및 주변에서[작용영역] 선녀의 옷을 훔쳐 선녀가 천상으로 올라가지 못하고 나무꾼과 살게 되면서[유익작용의 유지] 훔치는 것에 대한 비난을 받지 않아야 한다. [유해작용의 제거]

3-3. 매크로 수준의 물리적 모순

친구는 작용시간(OT) 동안 선녀와 같이 살기 위해 선녀의 옷이 없는 상태이어야 하고, 비난을 받지 않기 위해서는 선녀의 옷이 있는 상태이어야 한다.

3-4. 마이크로 수준의 물리적 모순

선녀와 같이 살기 위한 선녀의 옷이 없어진 상태를 제공하기 위해서 선녀탕에서 선녀의 옷은 없는 상태의 입자이어야 하고, 비난을 받지 않기 위한 옷이 있는 상태를 제공하기 위해 선녀의 옷이 없는 상태의 입자가 아니어야 한다.

3-5. 이상해결책-2 정의

나무꾼에게 이야기를 들은 선녀가 목욕하는 동안 스스로 선녀의 옷이 없는 상태를 제공해야 한다.

- 아이디어 : 친구에게 선녀의 옷이 값어치가 있다고 하면서 선녀탕에 대한 이야기를 해 준다. 친구는 선녀의 옷을 훔치게 되고, 옷이 없어진 선녀에게 나무꾼은 천상으로 못 가니, 같이 살면서 옷을 찾아보자고 하면서 집에 데려간다.

나무꾼이 사냥꾼에게 쫓기는 노루를 숨겨 주었더니, 노루는 은혜의 보답으로 선녀들이 목욕하고 있는 곳을 일러 주며, 선녀의 날개옷을 감추고 아이를 셋 낳을 때까지 보여 주지 말라고 당부한다. 노루가 일러준 대로 하여 나무꾼은 한 선녀를 데려다 아내로 삼는다.

아이를 둘까지 낳고 살던 어느 날 선녀가 나무꾼에게 선녀옷을 보여 달라고 한다. 나무꾼은 선녀에게 날개옷을 보여준다. 선녀옷을 보게 된 선녀는 옷을 입게 되고 선녀의 몸이 공기처럼 점점 가벼워지는데….

노루의 당부는 있었지만 나무꾼은 선녀를 믿고 설마 하는 마음에 선녀옷을 보여주게 된다. 선녀는 나무꾼이 옷을 보여주자 기대하지 않은 행동에 놀라면서 고마웠지만, 이번이 아니면 또다시 선녀옷을 볼 수 없을지도 모른다는 생각에 고민을 하게 되는데….

만약 선녀옷을 입고서 자식들을 데리고 천상으로 올라간다면 선녀는 천상의 가족들을 만날 수 있지만, 이 착한 나무꾼님은 또다시 노모를 모시고 홀로 외롭고 불행하게 살아야 한다는 걱정에 선녀는 쉽게 발길을 돌릴 수 없게 된다.

선녀는 나무꾼을 보며 얘기한다.

"나무꾼님 이제부터 제 얘기를 잘 들으세요."

"저는 이 선녀옷을 입고 천상으로 가면 다시는 지상으로 돌아오지 못할 수도 있어요."

“옥황상제의 허락도 없이 나무꾼과 결혼을 하여 아이를 둘이나 낳았으니 벌을 받을 수도 있고요.”

“그러니 저와 헤어지기 싫으시면 제가 하라는 대로 하셔야 합니다.”

나무꾼은 그저 눈만 껌뻑이며 선녀의 이야기를 듣는 수밖에 없었고, 이야기를 다 들은 나무꾼은 선녀가 시키는 대로 하겠다고 다짐한다. 나무꾼은 먼저 선녀의 날개옷을 입고 천상으로 날아가는 방법을 배운다. 이리하여 나무꾼은 선녀의 날개옷을 입고 천상으로 올라간다.

천상으로 올라간 나무꾼은 천상의 문지기에게 지상에서 올라온 나무꾼이라고 자기를 소개하니 천상이 발칵 뒤집힌다. 수년 전 사라진 선녀의 날개옷을 지상의 나무꾼이 입고 나타났으니 그럴만도 하다. 나무꾼은 문지기에 의해 옥황상제에게 끌려가고, 옥황상제를 보자마자 나무꾼은 대성통곡을 한다.

옥황상제는 저절로 미간이 찌푸려진다.

“이노옴! 감히 천상의 선녀를 납치하고는 어디서 수작이냐?”

“네 놈이 한 짓을 이실직고 해라.”

“그렇지 않으면 지옥 불구덩이에 너를 던지리라.”

추상같은 옥황상제의 호령에도 나무꾼은 대성통곡을 멈추지 않는다. 결국 나무꾼은 천상의 다른 대신들의 호통으로 인해 통곡을 멈추며 말을 하기 시작한다.

“선녀를 납치하다니요, 천부당만부당한 말씀이십니다.”

"저는 지상에 사는 나무꾼으로 우연히 선녀를 만나 가정을 꾸려온 것 뿐입니다요."

"혹 제가 감히 선녀님에게 해코지를 했겠습니까요?"

"억울합니다."

옥황상제는 진노하여

"네 놈이 선녀를 납치한 것을 다 알고 하는 말이다."

"감히, 누굴 속이려는 것이냐?"

나무꾼은 말한다.

"소인 증거가 있습니다요."

"지상에 사는 선녀와 제 어머니, 그리고 아이들에게 물어 보시면 알 수 있습니다요."

"하늘에도 법도가 있을 테니 증인을 불러 심문해 주시면 될 일이 아니옵니까?"

결국 옥황상제는 하위무사와 선녀옷을 더 보내 주어 나무꾼의 가족과 선녀를 데리고 오게 한다. 이리하여 결국 지상의 나무꾼 가족은 다 불리어 천상으로 올라오게 된다. 천상에 올라온 선녀는 옥황상제에게 무릎을 끓고 아뢰기를, 자기가 잘못하여 선녀옷을 잃어버렸지만 결국 나무꾼이 해결해 주었다고 한다. 그리고 나무꾼과 결혼하고 행복하게 살았으니 납치가 아니었다고 한다. 옥황상제는 의심의 여지는 있으나 장본인이 아니라고 하니 어쩔 수 없이 그들을 놓아주고 천상에서 살게 한다.

한번 아리즈로 풀어보자.

문제 상황

천상으로 갈 수 있는 사람은 천상의 피가 흐르는 아이 둘만이 가능하기 때문에 남편과 부모님은 갈 수 없는 상황에서, 천상으로 올라가는 문제를 해결해야 한다. (제약 조건과 문제)

1. 문제 분석

1-1. 작은 문제

천상의 가족을 만나는 주변 상황은 선녀, 선녀옷, 지상의 가족들(아이들, 나무꾼, 시어머니), 천상의 가족들(옥황상제, 어머니, 언니들, 동생들)이 있다.

- TC-1 : 만약 선녀옷을 입고 천상으로 올라간다면, 그리워하던 천상의 가족들은 만날 수 있지만 남아있는 지상의 가족과 이별해야 한다.
- TC-2 : 만약 날개옷을 보기만 하고 천상으로 올라가지 않는다면, 지상의 가족과 이별하지 않고 살 수는 있지만, 천상의 가족들은 만날 수 없다.
- 목표 : 선녀는 최소한의 변화로, 지상 가족과의 이별 없이 천상의 가족들을 만나야 한다.

1-2. 모순 요소 : 생성물은 천상의 가족과 지상의 가족이고, 도구는 천상으로 가거나 가지 않는 선녀라고 할 수 있다.

1-3. 기술적 모순 도식화 : 모순의 상황을 그림으로 그려보면

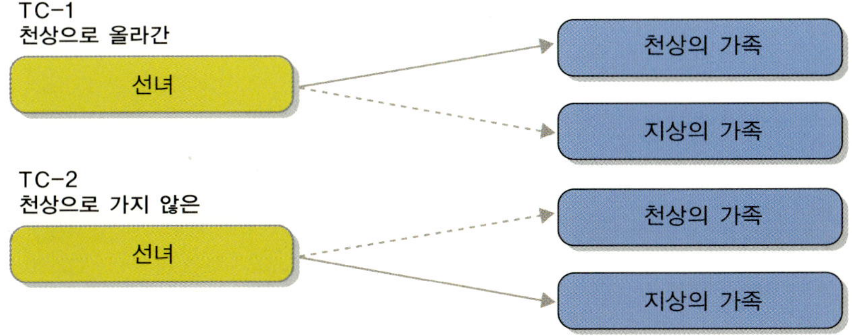

1-4. 도식모델 선정 : 선녀는 원래부터 천상의 사람이기 때문에 첫 번째 모순을 선택

1-5. 모순 심화 : 선녀는 다시 천상으로 올라가면 지상으로 돌아올 수 없기 때문에 선녀는 천상으로 올라가서 아예 돌아오지 못한다.

1-6. 문제 모델링 : 문제를 이렇게 나타내 보자.

1) 천상의 가족과 지상의 가족은 있지만 선녀는 돌아오지 못한다.

2) 천상으로 올라가지 못한 선녀는 지상의 가족과 행복할 수 있지만, 천상의 가족은 불행할 수 있다. 선녀가 돌아오지 못하는 상황에서는 천상의 가족과 풍요롭게 계속 살 수는 있지만 지상의 가족과의 행복은 없어진다.

3) 천상으로 올라간 선녀가 돌아오지 못해 천상의 가족과 풍요롭게 살 수 있으면서 지상의 가족과 행복을 유지할 어떤 방법(X-요소)이 필요하다.

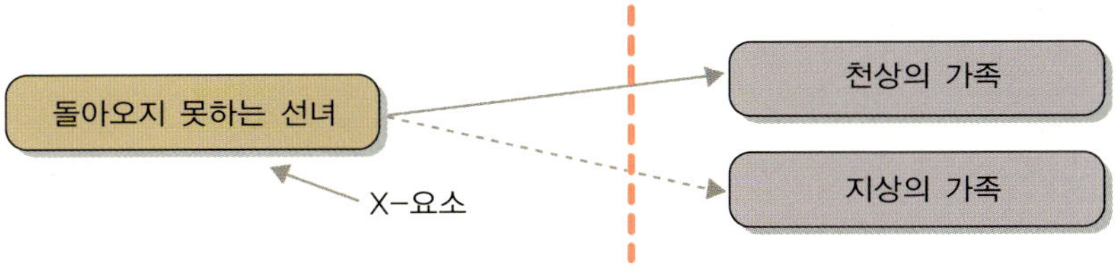

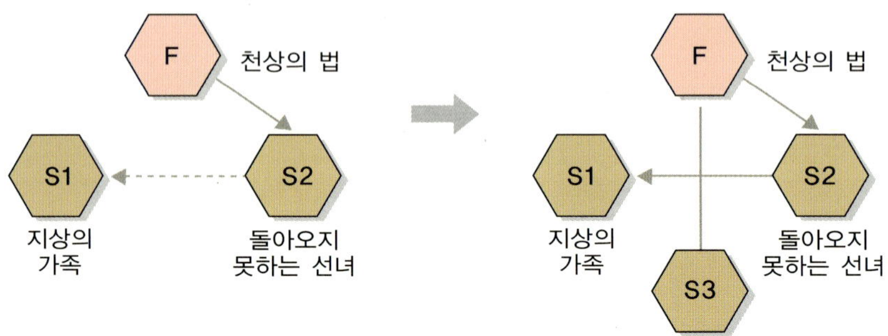

- 아이디어 1. 천상으로 가서 지상의 가족에게 금은보화를 풍족하게 드릴까?
- 아이디어 2. 다른 처자를 소개해 드려야 하나?

2) 자원 분석 : 내 주변에 문제를 해결할 수 있는 요소들이 있는지 알아보자.

① OZ(Operating Zone) : 문제가 발생하는 영역은 어디인가?

지상에 나무꾼의 집에서

② OT(Operating Time) : 문제가 발생하는 시간은 언제인가?

- T1 : 선녀가 천상으로 올라간 후
- T2 : 선녀가 천상으로 올라가기 전

③ 사용 가능한 물질과 장의 탐색 : 문제를 해결할 수 있는 것들을 정리

A. 선녀의 생활(시스템) 내부(가정생활) 물질－힘(장) 자원들

① 도구의 물질장 자원 : 선녀

② 생성물의 물질장 자원 : 천상의 가족, 지상의 가족

B. 선녀의 생활(시스템) 외부(주위환경) 물질－힘(장) 자원들

① 문제 조건에 의해 주어지는 주위환경의 물질장 자원 : 선녀옷, 나무꾼, 시어머니, 아이들, 집, 논, 밭, 닭, 돼지, 소, 농기구 등

② 보편적인 주위환경의 물질장 자원 : 공기, 바람, 비, 물, 이웃집, 과
부, 산, 들… 등
C. 선녀의 생활과 관련된 유사한 다른 환경(상위 시스템)의 물질-힘(장) 자
원들
① 불필요하다고 판단되는 부산물 : 천상, 결혼 생활, 이혼, 이별
② 저렴한 비용의 외부자원 : 천상생활권(주민증), 천상인, 천상의 지
인, 친구들, 천상의 법, 천상 출입증(여권), 풍요로운 천상의 가족
(부모님, 언니, 동생)

3. 이상해결책과 물리적 모순의 정의

3-1. 이상해결책(IFR)-1 정의

X-요소는 시스템을 복잡하게 하지 않고 동시에 추가적인 유해작용 없이
선녀가 천상으로 올라간 후 시간(T1) 혹은 천상으로 올라가기 전 시간(T2)
에, 지상에 나무꾼의 집(OZ)에서 선녀가 가족과 만나는 것에 대한 방해가
없으면서도, 선녀가 천상으로 올라가서 돌아오지 못하여 지상의 가족과 이
별하는 것도 막아야 한다.

3-2. 이상해결책(IFR)-1 심화

선녀가 천상으로 올라갈 수 있게 하는 물리적 기능을 가진 도구는 선녀옷이
다. 선녀옷은 시스템을 복잡하게 하지 않고 동시에 추가적인 유해작용 없이
선녀가 천상으로 올라간 후 시간(T1) 혹은 천상으로 올라가기 전 시간(T2)
에, 지상에 나무꾼의 집(OZ)에서 선녀가 가족과 만나는 것에 대한 방해가
없으면서도, 선녀가 천상으로 올라가서 돌아오지 못하여 지상의 가족과 이
별하는 것도 막아야 한다.

3-3. 매크로 수준의 물리적 모순

선녀옷은 작용시간(OT) 동안 천상의 가족을 만나도록 하기 위해 선녀를 날 수 있게 해야 하고, 동시에 지상의 가족과 이별하지 않기 위해서는 선녀를 날 수 없게 해야 한다.

3-4. 마이크로 수준의 물리적 모순

선녀옷은 작용시간(OT) 동안 천상의 가족을 만나기 위해 선녀가 입어야 하고, 동시에 지상의 가족과 이별하지 않기 위해서는 선녀가 입지 않아야 한다.

3-5. 이상해결책-2 정의

선녀옷의 중립적인 기능은 천상의 가족을 만날 때는 스스로 입어야 하고, 천상의 가족을 만난 후에는 스스로 입지 않아야 한다.

3-6. 표준해 적용으로 물리적 모순 해결

- Class 1 : 물질장 모델의 구성과 분해
- Group 1-2 : 물질장 모델의
- 표준해 1-1-4. 외부 환경물질 이용

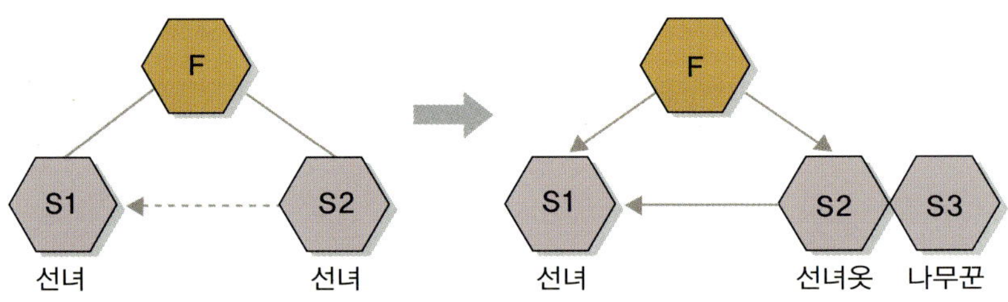

나무꾼의 집에서 선녀가 올라가기 전에 나무꾼이 선녀옷을 입고 아이들과 천상으로 올라가서 천상의 선녀 가족을 만나 결혼을 허락 받은 후, 내려올 때 가족들이 입을 선녀옷을 더 가져와 다같이 천상으로 올라가다.

선녀가 옷을 잃어버리고 어찌할 바를 모르고 있을 때, 나무꾼이 나타나서 도와 주겠으니 자기랑 결혼해서 집에 가서 살자고 한다. 천상으로 가지 못한 선녀는 어쩔 수 없이 받아 들여야만 할 것 같은데….

선녀는 나무꾼이 말하는 대로 결혼해서 같이 살게 되면 여러 위험으로부터 벗어날 수 있게 되지만, 하늘로 올라갈 수 있는 기회를 놓치게 될까 봐 고민을 하게 된다. 선녀는 고민을 하다가 묘안이 떠올라 나무꾼에게 조건을 얘기한다.

"제가 지금 나무꾼님과 결혼을 하면 천상으로 올라 갈 방법이 없을 수도 있습니다. 그러니 결혼 후에도 혹시 모를 천상의 소식을 들을 수 있게 해 준다면 결혼하겠어요."

나무꾼은 일단 결혼을 한다는 말에 기뻤다. 하지만 어떻게 한다는 것인지 통 모르겠다. 이에

"선녀님! 저와 결혼하겠다는 소리에는 그저 고맙지요, 그런데 어떻게 천상의 소식을 듣고 올라갈 수 있는 기회를 얻겠다는 것인가요?"

선녀가 다시 말한다.

"나무꾼님과 결혼하지만 주말 부부로 생활해요. 저는 평일에는 선녀탕 근처에서 혹시 내려올지 모르는 다른 선녀의 소식을 기다리겠어요."

나무꾼은 그제서야

"아! 알겠습니다. 하지만, 숲 속에서의 생활은 어려울 텐데요."

선녀는 이미 각오하고 있다고 말을 한다.

이리하여 선녀와 나무꾼은 결혼생활을 시작한다.

아리즈로 풀어낸 해결 방법

문제 상황

1. 문제 분석

1-1. 작은 문제

먼저 문제 상황 중심으로 어떤 요소들로 구성되어 있는지 살펴보자. 주변 상황은 선녀, 연못, 나무꾼 등이 있다.

- TC-1 : 만약 선녀가 나무꾼과 결혼한다면 여러 위험으로부터 벗어날 수 있게 되지만, 선녀는 옷을 찾아서 하늘로 돌아갈 수 있는 기회를 놓치게 된다.
- TC-2 : 만약 선녀가 나무꾼과 결혼하지 않는다면 하늘로 돌아갈 수 있는 기회가 오기를 기다릴 수 있지만, 낯선 곳에서 여러 위험과 마주치게 될 것이다.
- 목표 : 선녀는 위험으로부터도 벗어나고, 하늘로 돌아갈 수 있는 기회를 놓치지 않아야 한다.

1-2. 모순 요소 : 생성물은 선녀가 위험으로부터 벗어나는 것과 하늘로 돌아

갈 기회이고, 도구는 선녀가 나무꾼과 결혼하는 것과 결혼하지 않는 것
이라고 할 수 있다.

1-3. 기술적 모순 도식화 : 모순의 상황을 그림으로 그려보면

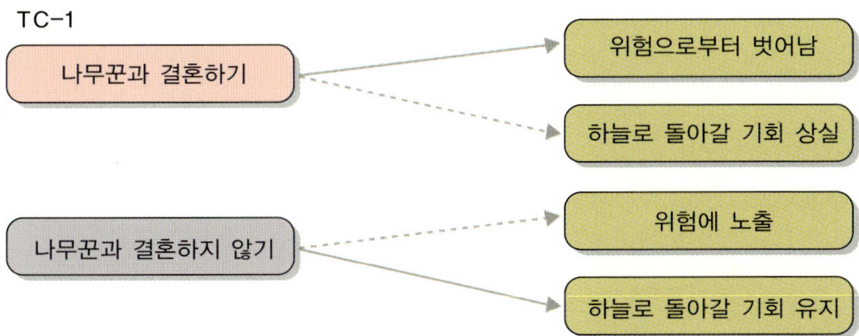

1-4. 도식모델 선정 : 위험으로부터 벗어나는 것은 생존의 문제와 직결되므
로 첫번째 모순 선택

1-5. 모순 심화 : 선녀가 결혼을 하면 하늘로 올라갈 기회가 완전히 사라짐

1-6. 문제 모델링 : 문제를 이렇게 나타내 보자.

   1) 심화된 모순 쌍 : 선녀가 결혼을 하는 것과 하늘로 올라갈 기회가 완전히
      사라짐

   2) 심화된 모순 정의 : 만약 선녀가 결혼을 한다면 위험으로부터 완전히 벗
      어나지만, 하늘로 올라갈 기회가 완전히 사라진다.

   3) 문제 해결을 위해 도입된 X-요소가 무엇을 해야만 하는가?
      선녀가 결혼을 해도 하늘로 올라갈 기회를 가질 수 있는 어떤 X-요소가
      필요하다.

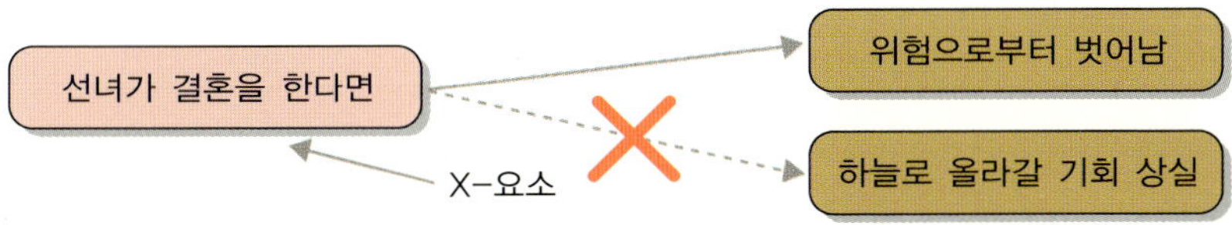

2. 자원 분석 : 내 주변에 문제를 해결할 수 있는 것들이 뭐가 있는지 알아보자.

2-1. OZ(Operating Zone) : 문제가 발생하는 영역은 어디인가?

선녀와 나무꾼이 결혼하여 살 곳

2-2. OT(Operating Time) : 문제가 발생하는 시간은 언제인가?

- T1 : 선녀가 나무꾼과 살게 된 이후
- T2 : 선녀가 나무꾼과 살기 이전

2-3. 사용 가능한 물질과 장의 탐색 : 문제를 해결할 수 있는 것들을 정리

1) 선녀의 지상생활(시스템) 내부 물질–힘(장) 자원들

① 도구(결혼)의 물질장 자원 : 결혼생활

② 생성물(하늘로 올라갈 기회)의 물질장 자원 : 하늘로의 연락

2) 선녀의 지상생활(시스템) 외부(주위환경) 물질–힘(장) 자원들 : 나무꾼의 마을, 시어머니, 동네사람들 등

① 문제 조건에 의해 주어지는 주위환경의 물질장 자원 : 산, 숲, 선녀탕 등

② 보편적인 주위환경의 물질장 자원 : 공기, 바람, 밤, 별, 달, 메아리 등

3) 선녀의 생활과 관련된 유사한 다른 환경(상위 시스템)의 물질–힘(장) 자원들

① 불필요하다고 판단되는 부산물 : –

② 저렴한 비용의 외부자원 : 하늘에의 외경심

3. 이상해결책과 물리적 모순의 정의

3-1. 이상해결책(IFR) –1 정의

X–요소는 시스템을 복잡하게 하지 않고 동시에 추가적인 유해작용 없이

선녀가 나무꾼과 살게 된 이후(T1)에, 나무꾼의 동네(OZ)에서 위험으로부터 벗어나면서[유익작용의 유지] 하늘로 올라갈 기회를 유지해야 한다.[유해작용의 제거]

3-2. 이상해결책(IFR)-1 심화

선녀옷을 찾거나 친구 선녀가 도우러 내려오는 것을 알 수 있어야 한다. (하늘에의 외경심)[X-요소]는 시스템을 복잡하게 하지 않고 동시에 추가적인 유해작용 없이 선녀가 나무꾼과 살게 된 이후(T1)에, 나무꾼의 동네에서 위험으로부터 벗어나면서[유익작용의 유지] 하늘로 올라갈 기회를 유지해야 한다. [유해작용의 제거]

3-3. 매크로 수준의 물리적 모순

하늘에의 외경심은 작용시간(OT) 동안 위험으로부터 벗어나기 위해서 나무꾼과 살기도 해야 하고, 하늘로 올라갈 기회를 유지하기 위해 나무꾼과 살지 않아야 한다.

3-4. 마이크로 수준의 물리적 모순

하늘에의 외경심은 작용시간(OT) 동안 위험으로부터 벗어나기 위해서 나무꾼과 같이 사는 상태이기도 해야 하고, 하늘로 올라갈 기회를 유지하기 위해 나무꾼과 살지 않는 상태이어야 한다.

3-5. 이상해결책-2 정의

하늘에의 외경심은 선녀의 나무꾼과의 결혼생활 자체가 자유롭기도 해야 하고, 자유롭지 않기도 해야 한다.

- 아이디어 : 선녀가 나무꾼에게 주말부부의 생활을 권유한다. 선녀탕 주변에 별장을 만들어서 주중과 주말로 오가면서 살게끔 사전에 약속을 하고 결혼을 한다.

CHAPTER 5

실용트리즈

(주) 트리즈마인드맵 안세훈

(주) 트리즈마인드맵 대표 컨설턴트
한국트리즈협회 이사
경성대학교 유아교육학과 외래교수
부산 대학교 R.I.S.C. 전임 연구원
MATRIZ Level 3

(주) 트리즈마인드맵 오경철

(주) 트리즈마인드맵 대표이사
한국트리즈협회 울산지회장
한국트리즈협회 공인강사
디지털마인드맵 강사
MATRIZ Level 3

실용트리즈의
문제해결 기법

본 장에서 설명하는 문제해결 프로세스는 실용트리즈 기법이다. 실용 트리즈는 러시아의 트리즈기법을 실용성 있게 발전시켜 현업에서 바로 적용할 수 있도록 정립시킨 방법이다. 실용트리즈는 한국의 김호종 박사(킴스트리즈 대표, 물리학 박사)가 개발하여 2007년 "실용트리즈의 창의성 과학(2007, 두양사)"이란 책을 통해 세상에 나오게 되었다.

실용트리즈의 문제해결 방법론은 **1) 경계영역의 도식화, 2) 모순의 도출, 3) 모순분석 및 해결** 이라고 하는 3단계 프로세스로 구성되어 있다. 여기에 트리즈 입문자들을 위한 문제분석의 단계를 추가하여 4단계 문제해결 프로세스로 구성하였는데, 이것은 트리즈마인드맵의 문제해결 기법이다. 따라서 선녀와 나무꾼 민담에서 이용된 프로세스는 **1) 문제분석, 2) 경계영역의 도식화, 3) 모순의 도출, 4) 모순분석 및 해결** 의 4단계 프로세스로 구성하였다.

전래동화에서 발생하는 문제는 사람의 생각과 감정을 표현해야 하는 것이기 때문에, 이것을 시각적으로 표시할 있는 방법이 제시되어야 한다. 실용트리즈에서는 이 방법을 '요소-상호관계 기법'을 이용하여 표시하게 된다.

1. 문제분석

문제분석은 트리즈의 자원 분석 기법에 적용된 6가지 부문으로 문제를 세분화하는 작업이다. 6가지 부문은 물질, 장, 시간, 공간, 기능, 정보로 이루어져 있다.

1) 물질 – 문제의 주체와 객체를 나누고, 문제의 구성요소를 표시한다. 영어로는 Substitute로 번역되며, 문제의 본질 혹은 본체를 찾아낸다.

2) 장 – 문제의 구성요소들이 상호관계하며 이루어지는 작용과 구성요소들이 작용하도록 가해지는 힘이나 에너지를 표시한다.

3) 시간 – 문제가 발생하는 순간을 시간적으로 나누어 표시한다.

4) 공간 – 문제가 이루어지는 공간을 구체적으로 묘사한다.

5) 기능 – 문제의 구성요소들이 어떠한 역할을 하는지 표시한다.

6) 정보 – 문제가 발생하게 되는 외부조건이나 제약조건을 표시한다.

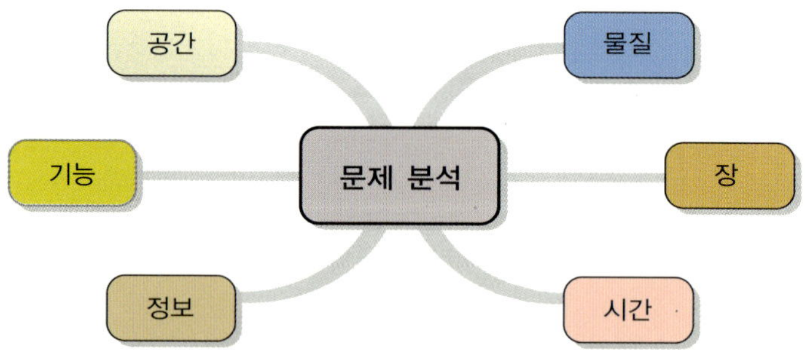

2. 경계영역의 도식화 (요소 – 상호관계 기법)

실용트리즈를 이용하여 비기술 문제를 해결하는 방법 중 가장 중요한 단계는 경계영역의 도식화 단계이다. 기술 문제는 문제의 현상을 그림으로 표현하는 것이 가능하지만, 비기술 문제는 그림으로 표현하는 것이 불가능하다. 따라서 비기술 문제의 실체와 모순의 관계를 명확하게 할 수 있는 요소-상호관계 기법을 활용하게 된다.

요소-상호관계 분석은 주로 사람과 관련된 문제를 모델링하기 위한 도구이다. 일상에서 시스템을 구성하는 성분으로 요소라는 명칭을 우리는 잘 알고 있다. 뿐만 아니라 상호관계라는 용어도 일상의 관계를 설명할 때 자주 사용한다. 여기서 요소는 문제를 발생시키는 핵심적인 어떤 것을 의미한다. 다음의 그림은 두 개의 요소와 하나의 상호관계로 구성된 요소-상호관계기법과 세부 설명이다. 그림에서 두 요소와 상호관계 및 연결기호의 의미는 다음과 같다.

- **요소(Element)** : 문제를 분석하기 위한 두 개의 핵심성분으로, 사람, 사물, 집단, 상황, 사건 등이 될 수 있다. 왼쪽에 위치한 요소1은 요소2에 영향을 줄 수 있는 것으로 선택한다. 문제해결에 주체적인 위치에 있는 것을 요소1로 한다. 물리모순은 반드시 요소1의 성분 중에서 나오도록 하는 것이 모순도출에 편리하다.

- **상호관계(Interaction)** : 두 요소 사이에서 발생되는 상호관계로, 제품의 가격, 속도, 정보, 성격, 가치관 등이 될 수 있다.

- **연결기호** : 직선은 두 요소가 서로 관련되어 있음을 의미하고, 화살표
는 두 요소 간의 상호관계의 방향을 의미한다.

상호관계를 갖는 요소1과 요소2는 문제를 야기시키는 문제의 핵심부
분이다. 상호관계는 두 요소들의 관계를 의미한다. 비기술문제해결에서

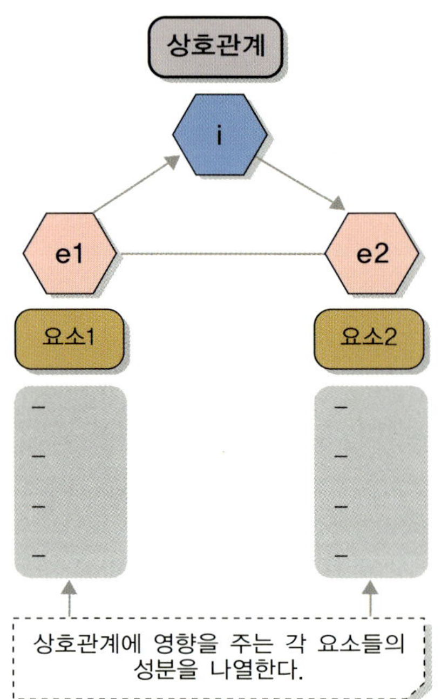

정확한 상호관계 설정이 아주 중
요하다. 상호관계가 명확하지 않
으면 두 요소 간의 관계를 재정의
할 수 없다. 이 경우 문제 속에 들
어 있는 모순을 찾아 낼 수 없다.
때문에 두 요소를 먼저 결정하고
상호관계를 설정해야 한다. 두 요
소의 성분(각 요소 아래 있는 사
각형에 들어가는 것)은 상호관계
와 직접적인 관련이 있는 것만을
의미한다.

트리즈에서 문제를 재정의 하
고 분석할 때 사람과 사람 및 사람과 사물의 관계를 하나의 시스템으로
본다. 이 같은 관점은 아주 중요하다. 왜냐하면 사람의 주관을 배제하고
문제를 객관적으로 바라볼 수 있기 때문이다. 사람을 포함하는 모든 문
제의 상황을 시스템적으로 분석하면 기술문제와 같이 단계별로 문제를

해결할 수 있다. 요소-상호관계기법은 과학기술 분야에서는 구체적인 물리량으로 나타낼 수 있는 힘, 에너지, 자기력, 진공 등을 의미한다. 반면 비과학기술 분야에서는 사람을 포함하는 생물의 행동, 사회활동에서 발생되는 모든 것을 의미한다.

3. 모순의 도출

문제분석과 경계영역 도식화를 통해 모순을 도출한다. 문제의 현상을 명확히 이해하여 문제의 구성요소가 유익한 기능과 유해한 기능을 동시에 가지고 있는 항목을 찾으면 된다. 그리고, 찾아낸 모순을 한 문장으로 정리하여 표시한다.

4. 모순분석 및 해결

한 문장으로 정리된 모순을 트리즈의 분리 원리를 이용하여 분석하는 단계이다. 분리의 원리는 물리모순을 해결하는 방법으로서 1) 시간분리, 2) 공간분리, 3) 부분과 전체분리, 4) 조건분리의 4가지 방법이 있다.

1) 시간분리 - 모순을 지닌 구성요소가 존재해야 하는 시간과 존재해서는 안 되는 시간을 분리하여 생각해 보는 방법이다.

2) 공간분리 - 모순을 지닌 구성요소가 두 가지 특성을 동시에 지닐 수 있도록 생각해 보는 방법이다.

3) 부분과 전체 분리 - 해당 구성요소를 작은 단위로 분할하여 생각해 본다. 분할된 각각의 구성단위가 지닌 성질과 구성단위로 이루어진 전체의 구성체가 지닌 성질을 서로 다르게 생각해 보는 방법이다.

4) 조건분리 – 특정 조건하에서만 다른 특성을 지닐 수 있도록 생각하는 방
    법이다.

대체로 모순분석이 이루어짐과 동시에 해결책을 얻을 수 있게 된다.
하지만, 모순분석이 이루어졌음에도 해결책이 떠오르지 않는다면, 분석
된 모순을 40가지 발명원리와 76가지 표준해 등의 기법을 적용하게 되
면 해결책을 얻을 수 있다.

1. 노루를 살릴래 말래?

산 속 깊은 곳에 홀어머니를 모시고 사는 나무꾼은 아주 착한 마음씨를 가지고 있었답니다. 나무꾼은 매일 매일 나무를 해서 장에 내다 팔아 어머니를 봉양하였지요.

오늘도 나무꾼은 나무를 하러 산 속 깊이 들어갔답니다.

"아 덥다 더워…. 자, 이번엔 어떤 나무를 골라볼까? 옳지! 저기 저 나무가 좋겠구만…. "

나무꾼은 커다란 나무를 골라서 도끼로 나무를 찍어대기 시작 했습니다.

"어 힛, 잇 차, 어 힛, 잇 차……."

그때, 어디선가 노루가 나무꾼이 있는 곳으로 다급하게 뛰어 들었답니다.

"엇! 깜짝이야 노루잖아!"

그런데, 노루는 나무꾼을 보자 커다란 눈에서 눈물이 멍울멍울 떨어지며 울어대기 시작했답니다. 그리고는 나무꾼에게 말을 하기 시작했어요.

"나무꾼님 나무꾼님, 저 좀 살려주세요! 저는 지금 사냥꾼에게 쫓기고 있답니다. 저를 숨겨주지 않으시면, 저는 사냥꾼에게 죽게 되고 만답니다. 나무꾼님 나무꾼님 살려주세요!"

노루의 간절한 부탁에 마음씨 착한 나무꾼은 일단 노루를 숨겨주었어요.

"그래, 일단 저기 나무 뒤에 숨어있으렴…. "

"감사합니다, 감사합니다."

노루는 나무 뒤에 숨었습니다.

얼마 후 우락부락하게 생긴 사냥꾼이 커다란 활을 들고 나무꾼에게 달려왔습니다.

“이보슈! 여기 노루가 지나가는 것을 보지 못했수? 보았으면 좀 알려 주시오. 노루를 잡게 되면 내가 뒷다리 한 쪽을 잘라주리다!”

사냥꾼의 이야기를 듣고 나무꾼은 고민하기 시작했어요. 이 노루가 있는 곳을 사냥꾼에게 알려준다면 사냥꾼은 나무꾼에게도 노루고기를 나누어 줄지도 모릅니다. 노루고기를 집에 가져가면 오랜 동안 고기를 먹지 못한 어머니께 맛있는 음식을 해드릴 수도 있답니다.

하지만, 마음씨 착한 나무꾼은 노루가 눈물을 흘리며 애원하는 모습이 너무 가슴 아파 선뜻 결정하기가 어려웠답니다. 더군다나 말을 하는 짐승은 들어보지도 못했기 때문에 이 노루는 단순한 노루가 아니라 영물일 수도 있지요. 사냥꾼에게 넘겨준다면 천벌을 받게 될 지도 몰라요.

과연 나무꾼은 노루가 있는 곳을 사냥꾼에게 알려줘야 할까요?

아니면 노루를 숨겨줘야 할까요?

노루를 숨겨줘야 할까? 말아야 할까?

- **물질**
  - 사냥꾼
  - 노루
  - 나무꾼
- **장**
  - 노루 사냥
  - 노루 보호
- **시간**
  - 노루가 먼저 나무꾼에게 도착
  - 나무꾼에게 도와달라고 요청
  - 노루를 숨겨준 나무꾼
  - 뒤이어 도착한 사냥꾼
  - 뒷다리를 주겠다는 사냥꾼의 제안
- **공간**
  - 나무꾼이 나무를 하는 공간
  - 나무꾼이 노루를 숨겨준 공간
  - 나무꾼과 사냥꾼이 대화하는 공간
  - 노루를 생각하는 사냥꾼의 마음
  - 어머니를 생각하는 사냥꾼의 마음
- **기능**
  - **나무꾼**
    - 착한 마음씨
    - 노루를 숨겨줄 수 있다.
    - 사냥꾼에게 노루 있는 곳을 알려 줄수 있다.
  - **노루**
    - 말하는 능력
    - 평범한 노루가 아니다.
    - 사냥꾼에게 잡혀 죽을 운명에 있다.
  - **사냥꾼**
    - 노루를 쫓는다.
    - 노루를 발견하면 활을 쏘아 사냥을 한다.
    - 나무꾼에게 고기를 주겠다고 제안한다.
- **정보**
  - 마음씨 착한 나무꾼은 노루를 숨겨주었다.
  - 말하는 노루는 평범한 동물이 아니다.
  - 사냥꾼은 노루를 잡으면 뒷다리를 주겠다고 제안한다.
  - 나무꾼은 집에 계신 어머니께 고기를 드리고 싶다.
  - 산속에 사는 나무꾼은 신령님을 믿고, 천벌을 두려워 한다.
  - 힘이 센 사냥꾼은 나무꾼이 거짓말한 것을 알게 되면 나무꾼을 괴롭힐 수 있다.

사냥꾼의 입장에서 문제의 해결을 위해 먼저 문제의 구성요소를 분석해 본다.

트리즈의 자원 분석 방법을 통해 문제를 분석하면 다음과 같다.

문제현상을 물질, 장, 시간, 공간, 기능, 정보라는 6가지 항목으로 분리하고 각각의 항목에 해당하는 내용을 정리하여 기입하는 것으로, 문제를 객관적으로 판단하는 데 많은 도움을 준다.

1단계 문제의 분석이 종료되면 문제의 주체가 어떻게 작용하는지 요소-상호관계 분석도를 통하여 문제 속에 내재된 모순을 도출하게 된다.

2단계. 경계영역의 도식화

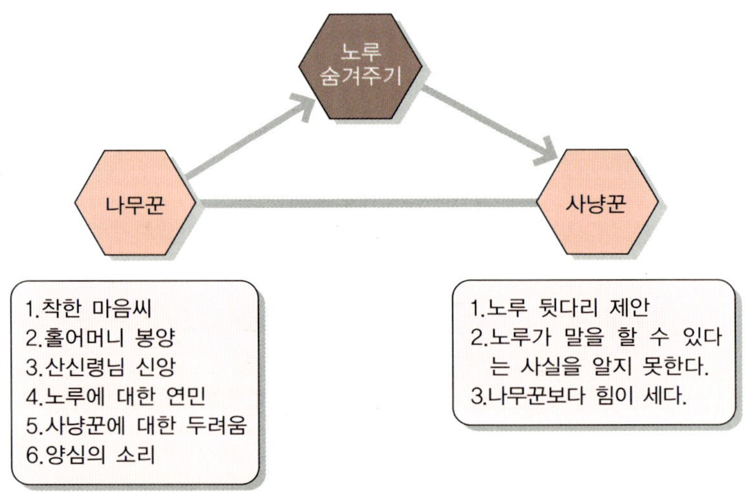

2단계에서 나무꾼은 이미 노루를 숨겨준 상태이고, 사냥꾼이 나무꾼에게 고기를 주겠다고 제안을 하게 되는 시점에서 나무꾼이 갈등을 시작하고 있다. 따라서, 노루가 문제의 주체로 다루어질 필요는 없다.

3단계. 모순의 도출

마음씨 착한 나무꾼은 노루가 숨은 곳을 사냥꾼에게 알려 주어야 한다.
왜냐하면,
1) 사냥꾼이 노루 뒷다리를 주기로 했으니까
2) 나무꾼도 고기를 먹고 싶으니까
3) 힘센 사냥꾼이 나무꾼을 괴롭힐 수도 있으니까

하지만, 나무꾼은 노루가 숨은 곳을 사냥꾼에게 알려 주어서는 안 된다.
왜냐하면,
1) 말하는 노루는 영물이기 때문에 신령님에게 벌을 받게 될 수도 있으니까
2) 노루에게 이미 숨겨준다고 약속을 했으니 약속은 지켜야 되니까
3) 노루는 사냥꾼에게 잡히면 죽게 되므로 노루가 너무 불쌍하니까
따라서 **모순**은 다음과 같다.
[나무꾼은 노루를 숨겨주기도 하고, 숨겨주지 않기도 해야 한다.]

4단계. 모순의 분석 및 해결책 도출

도출된 모순을 동시에 해결할 수 있는 방법을 생각해 보자.

모순 해결책

1) 나무꾼이 노루가 숨은 곳을 알려주지 않고서도 고기를 얻을 수 있는 방법

- 사냥꾼과 함께 다른 짐승을 사냥해서 고기를 나눈다.
- 나무꾼과 사냥꾼이 나무와 고기를 서로 교환한다.
- 사냥꾼에게 말하는 노루가 있다는 사실을 알리고, 노루를 사냥하지 않도록 설득한다. 설득한 후, 신령님께 제사를 지내야 한다는 구실로 고기를 얻어온다.

2) 나무꾼이 양심의 가책 없이, 혹은 약속을 어기지 않고서도 노루가 숨은 곳을 알려줄 수 있는 방법

- 사냥꾼이 아닌 다른 사람에게 노루가 숨은 곳을 알려 주고, 그 사람이 사냥꾼에게 알려 주도록 유도한다.

2. 선녀옷을 훔칠래 말래?

사냥꾼에게서 벗어난 노루는 나무꾼에게 감사의 마음을 전했습니다.

"나무꾼님, 정말 감사드립니다. 나무꾼님 덕분에 목숨을 구할 수 있었습니다."

"내가 한 게 뭐 있다구. 다음부턴 잘 숨어 다니도록 해! 사냥꾼한테 쫓기지 말고!"

"네, 그럴게요. 그런데, 사실 전 그냥 노루가 아니랍니다."

"노루가 아니라니? 그게 무슨 말이지?"

"나무꾼님, 노루가 말하는 것 보셨나요?"

"그래 맞아, 노루는 말을 할 수 없잖아! 도대체 네 정체가 뭐니?"

"저는 천상 선녀들을 옥녀탕으로 안내하는 안내자랍니다. 인간세상이 궁금하여 잠깐 놀러 나왔다가, 그만 사냥꾼에게 들키고 말았지요."

"그럼, 넌 천상에 사는 노루란 말이구나?"

"네, 전 천상에 살고 있답니다. 오늘 제 목숨을 구해주셨으니 제가 보답을 하고 싶습니다. 나무꾼님, 소원이 있으면 말씀해 주세요."

"소원이라, 글쎄 난 뭐 그냥 울 엄니 모시고 착한 색시와 결혼해서 아이들 낳고 사는 게 전부란다. 특별히 하고 싶은 것도 없고…."

"그럼, 나무꾼님 제가 착하고 예쁜 색시와 결혼할 수 있도록 해 드릴게요."

"그런 색시가 있다고?"

"네, 나무꾼님 저를 따라 오세요."

노루는 나무꾼을 데리고 선녀들이 목욕을 하는 옥녀탕으로 갔습니다.

"나무꾼님, 여기가 옥녀탕입니다. 이곳은 한 달에 한 번 보름달이 뜨는 날 하늘에서 선녀들이 내려와 목욕을 하는 곳이지요."

"천상에 사는 선녀라고?"

"네! 나무꾼님. 오늘이 바로 보름달이 뜨는 날이니까, 이제 저녁이 되면 선녀들이 하늘에서 내려올 거에요. 나무꾼님은 여기 이 곳, 눈에 잘 띄지 않는 곳에 숨어 계세요. 절대로 들키시면 안 돼요. 그리고, 선녀들이 옷을 벗을 때를 기다리세요. 선녀들이 옷을 벗고 옥녀탕으로 들어가면 목욕을 하며 노느라 정신이 없을 거에요. 그때, 선녀옷 하나를 훔쳐서 잘 감춰 놓으세요. 선녀옷이 없으면, 선녀는 천상에 갈 수 없답니다. 그때 나무꾼님이 나타나시면 된답니다."

"아무리 그래도 난 그저 나무꾼에 불과한데, 선녀가 나랑 결혼을 할까?"

"선녀는 인간세상을 혼자서 살아갈 수 없기 때문에, 나무꾼님을 따라갈 수밖에 없답니다. 그렇기 때문에 나무꾼님과 결혼할 수밖에 없는 것이죠."

"그리고, 중요한 것이 또 있어요. 결혼하시고 나서 아이 셋을 낳기 전까지는 선녀가 아무리 애원을 해도 날개옷을 보여주시면 안 된답니다. 이건 꼭 기억하고 계셔야 해요. 아이 셋을 낳을 때까지 절대로 보여주시면 안 됩니다.!"

 아이 셋을 낳을 때까지 선녀옷을 보여주면 안 된다는 말을 끝으로 노루는 어디론가 사라졌습니다.

나무꾼은 다시 생각에 잠겼습니다.

옥녀탕에 선녀가 내려와서 목욕을 할 때, 선녀옷을 훔쳐 깊이 감춰둔 후, 천상으로 올라가지 못한 선녀 앞에 나타나 선녀를 데리고 집으로 가서 결혼을 해야 하는데, 지금껏 남의 것을 훔쳐본 적이 없는 마음씨 착한 나무꾼은 생전 처음 다른 사람의 물건을 훔쳐야만 합니다. 더군다나 천상에서 내려온 선녀의 옷을 훔쳐야 합니다. 만약, 발각이 되고 만다면 천벌을 면치 못할 것이고, 도둑질을 하게 되면 죽은 다음 지옥으로 떨어져 두 손이 잘린 채 구천을 맴돌게 될 지도 모릅니다. 그리고, 천상으로 돌아가지 못하게 될 선녀를 생각하면 가슴이 아픕니다.

하지만, 나무꾼은 연로하신 어머니를 모시고 살고 있습니다. 날로 기력이 쇠약해지시는 어머니의 소원은 나무꾼이 하루 빨리 결혼해서 예쁜 아이를 낳아 행복하게 사는 것뿐입니다. 깊은 산속에 살고 있어 여자를 만나기도 어려운 터에 결혼까지 해야 한다는 것은 쉬운 일이 아니기에, 노루가 가르쳐 준 대로 날개옷을 숨겨두면 선녀와 결혼을 할 수 있고, 연로하신 어머니께 마지막 효도를 할 수 있습니다.

나무꾼은 어떤 결정을 해야 할까요?

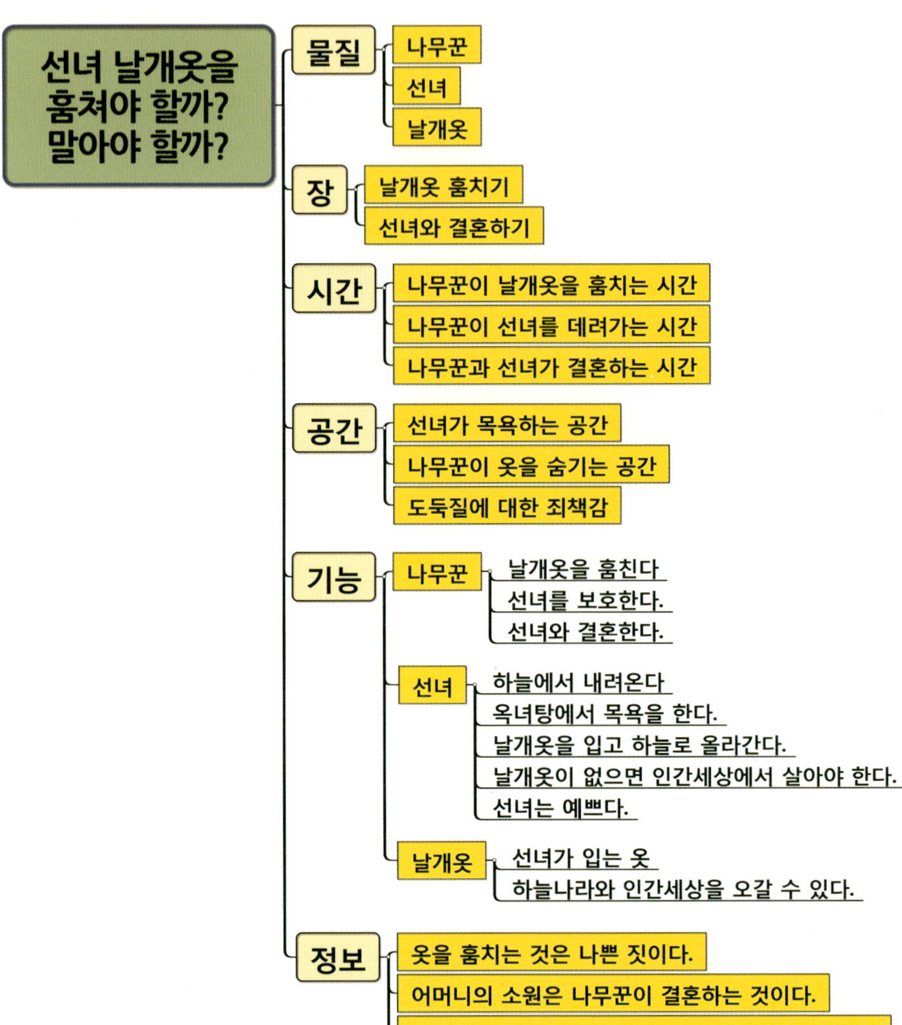

선녀 날개옷을 훔쳐야 할까? 말아야 할까?
물질
나무꾼
선녀
날개옷
장
날개옷 훔치기
선녀와 결혼하기
시간
나무꾼이 날개옷을 훔치는 시간
나무꾼이 선녀를 데려가는 시간
나무꾼과 선녀가 결혼하는 시간
공간
선녀가 목욕하는 공간
나무꾼이 옷을 숨기는 공간
도둑질에 대한 죄책감
기능
나무꾼
날개옷을 훔친다
선녀를 보호한다.
선녀와 결혼한다.
선녀
하늘에서 내려온다
옥녀탕에서 목욕을 한다.
날개옷을 입고 하늘로 올라간다.
날개옷이 없으면 인간세상에서 살아야 한다.
선녀는 예쁘다.
날개옷
선녀가 입는 옷
하늘나라와 인간세상을 오갈 수 있다.
정보
옷을 훔치는 것은 나쁜 짓이다.
어머니의 소원은 나무꾼이 결혼하는 것이다.
날개옷이 없으면 선녀는 하늘로 올라가지 못한다.

문제를 분석해 보면, 문제영역의 결과가 오직 나무꾼이 선녀에게 영향을 미치게 되어 있다. 따라서, 나무꾼이 날개옷을 훔쳐야 하는 갈등상황이 곧 문제 상황이다.

무엇보다 문제 상황에서 나무꾼이 결혼을 할 상황이 아니라면 날개옷을 훔칠 필요가 없다는 사실을 알 수 있다.

2단계. 경계영역의 도식화

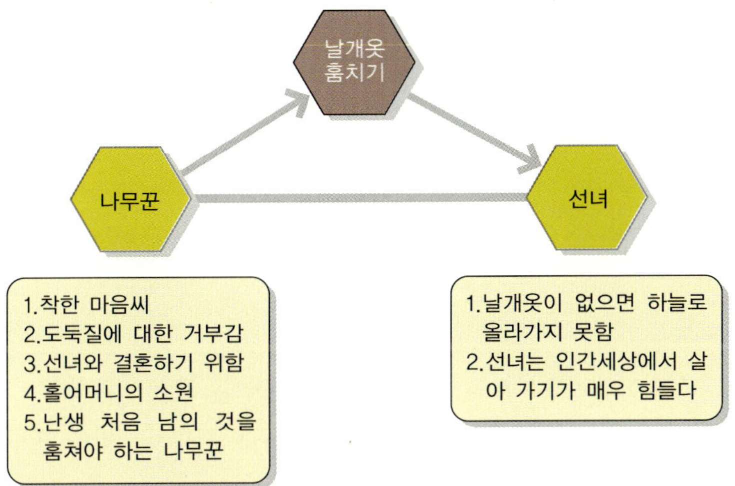

마음씨 착한 나무꾼은 도둑질을 해야 한다는 것에 대한 거부감과 두려움을 가지고 있다. 하지만, 홀어머니를 생각하면 하루빨리 결혼을 해야 하기 때문에 선녀옷을 훔쳐야 한다.

3단계. 모순의 도출

나무꾼은 선녀의 날개옷을 훔쳐서 숨겨야만 한다.

왜냐하면,

1) 산 속에서 선녀만큼 예쁜 여자를 만나기 어렵기 때문에
2) 어머니의 마지막 소원이 나무꾼이 결혼하는 것이니까

하지만, 마음씨 착한 나무꾼은 선녀의 날개옷을 훔쳐서는 안 된다.

왜냐하면,

1) 도둑질을 한 번도 해본 적이 없어 너무나 두려우니까
2) 도둑질을 하게 되면 죽은 다음에 지옥에 가게 되니까
3) 날개옷이 없어 집에 가지 못하는 선녀가 불쌍하니까

따라서 **모순**은 다음과 같다.

[나무꾼은 선녀의 날개옷을 훔치기도 하고, 훔치지 않기도 해야 한다.]

4단계. 모순의 분석 및 해결책 도출

도출된 모순을 동시에 해결할 수 있는 방법을 생각해 보자.

모순 해결책

1) 나무꾼이 선녀의 날개옷을 훔치지 않고서도 결혼을 할 수 있는 방법

- 옥녀탕의 선녀에게 사실대로 이야기 하고, 옷을 훔치지 않을 터이니 여자를 소개시켜 달라고 부탁한다.
- 친구에게 이 사실을 얘기하고 친구가 옷 두 벌을 훔치도록 한 후, 선녀 둘을 데리고 마을로 가서 친구와 함께 합동결혼식을 올린다.

2) 나무꾼이 선녀의 날개옷을 훔치고서도 죄를 짓지 않을 수 있는 방법

- 선녀와 결혼한 후 천상의 삶 보다 행복할 수 있도록 만든다.
- 날개옷을 훔쳐 선녀와 결혼한 후 기독교로 개종하고 지금까지의 모든 죄를 회개한다.

3. 선녀가 나무꾼을 따라갔는데, 결혼을 할래 말래?

동료 선녀들은 날이 밝아오면서 더 이상 기다리지 못하고 천상으로 올라가 버렸고, 날개옷을 찾다 지쳐버린 선녀는 물 밖으로 나오지도 못한 채 하염없이 울고만 있었습니다. 선녀 혼자 옥녀탕에 남겨져 있는 것을 알게 된 나무꾼은 자기가 입던 옷을 챙겨 선녀에게 다가갔고, 인기척이 들리자 선녀는 살려달라고 소리쳤습니다.

선녀 : 여보세요. 살려주세요. 사람 좀 살려주세요.

나무꾼 : 무슨 일이십니까?

선녀 : 저는 천상의 선녀인데, 날개옷을 잃어 버려서 하늘로 올라가지 못하고 있답니다. 저 좀 도와주세요.

(나무꾼은 시치미를 떼고 선녀와 계속 이야기를 했다.)

나무꾼 : 제가 어떻게 도와 드려야 할까요.

선녀 : 우선 옷 좀 구해주세요.

나무꾼 : 제가 입던 옷이라도 괜찮다면 벗어 드리리다.

선녀 : 그렇게라도 해주세요.

나무꾼 : 여기 있수. 나는 저 쪽에서 망을 보고 있을 테니, 걱정 말고 갈아입으슈.

선녀 : 감사합니다. 옷을 입는 대로 내려가겠습니다.

(아는 사람 하나 없는 곳에서 홀로 남겨진 선녀는 친절하게 대해주는 나무꾼을 의지할 수밖에 없었습니다.)

나무꾼 : 일단은 저희 집으로 가시지요. 제 어머니가 집에 계시니 여자 옷으로 갈아입으시고, 배가 고프실 테니 요기도 하시고, 좀 쉬도록 하세요.

선녀는 대답도 하지 못하고 굵은 눈물만 뚝뚝 흘리며 그저 말없이 고개를

끄덕이고는 나무꾼을 쫓아 나무꾼의 집으로 따라 갔습니다. 착한 나무꾼은 선녀에게 거짓말을 하는 것이 마음에 걸리긴 했지만, 선녀를 본 순간 첫 눈에 반해버려 선녀와 헤어질 수 없었습니다.

나무꾼의 집에 도착하여 선녀의 딱한 사정을 전해들은 어머니는 선녀를 친딸처럼 대해 주셨고, 나무꾼도 선녀를 위해 온 정성을 다 하였습니다. 선녀는 그저 고마울 뿐이었습니다. 그리고, 어떻게든 이렇게 착한 분들에게 보답을 해야겠다고 다짐을 하였지만, 선녀가 할 수 있는 것은 아무것도 없었습니다.

어느 덧 1년이라는 시간이 지났습니다. 선녀는 한결 같은 나무꾼의 사랑과 어머니의 정성에 감동하였고, 나무꾼에 대한 사랑도 조금씩 생겨나기 시작하였습니다.

그러던 어느 날 사냥꾼의 어머니는 선녀에게 결혼이야기를 꺼내게 되었습니다.

어머니 : 선녀, 내가 부탁이 좀 있다우.

선녀 : 어머니, 이제 말씀 놓으세요. 지난번에도 그렇게 하기로 하셨잖아요.

어머니 : 그래요, 그랬지. 그래야지.

선녀 : 말씀하세요, 어머니

어머니 : 선녀도 잘 알다시피, 이제 내가 살면 얼마나 더 살겠수?

선녀 : 갑자기 무슨 말씀이세요? 어머니 오래 오래 사셔야죠.

어머니 : 그러고는 싶지만, 그게 어디 내 하고 싶은 대로 되는 거겠수? 이봐요 선녀, 내가 선녀에게 부탁이 있어요.

선녀 : 네, 말씀하세요, 어머니. 저를 딸처럼 거두어 주셨는데, 그 은혜에 보답할 길이 조금이라도 있었으면 좋겠어요.

어머니 : 은혜는 무슨…. 선녀, 이 늙은이 마지막 소원이 하나 있다오.

선녀 : 그게 뭔가요? 어머니?

어머니 : 선녀, 내가 눈 감기 전에, 내가 죽기 전에, 손자 녀석을 안아 보는 것이 내 소원이라오. 그 동안 내가 쭉 지켜봐 왔는데, 선녀도 울 아들 녀석이 싫은 것 같지는 않던데…. 내 눈이 틀리지 않지? 그렇지 선녀?

선녀 : 아이참, 어머니도…. 갑자기 그렇게 말씀하시면 제가 어떻게 말씀을 드려요.

어머니 : 선녀? 내 지금 당장 답을 달라는 것은 아니라오. 한 일주일 시간을 줄 터이니. 잘 생각해 보고 얘기해 주시오.

선녀 : 네, 어머니. 그렇게 할게요.

선녀는 수줍은 듯 얼굴을 붉히며 7일 후에 답변을 드리겠노라 이야기 했습니다. 선녀는 고민에 빠졌습니다. 친딸처럼 거두어 주신 어머니에 대한 감사한 마음, 나무꾼의 한결같은 마음씨, 그리고 이제 막 싹트기 시작한 나무꾼에 대한 사랑을 생각해 보면 선녀는 이 분들에 대한 은혜를 갚기 위해서라도 결혼을 해야 합니다.

하지만, 비록 날개옷을 잃어버리긴 했으나 선녀는 천상으로 돌아가야 합니다. 만약 결혼을 하게 된다면, 선녀는 천상으로 돌아가는 것을 포기하여야 한다. 더군다나, 선녀가 결혼을 하게 된다면 천지신명, 즉 옥황상제님께 결혼의 맹세를 해야 합니다. 선녀가 인간인 나무꾼과 결혼의 맹세를 한다는 것은 옥황상제님께 크나큰 죄를 짓는 것으로, 다시는 천상으로 돌아갈 수 없다는 것을 의미하기 때문입니다.

선녀는 어떻게 해야 할까요?

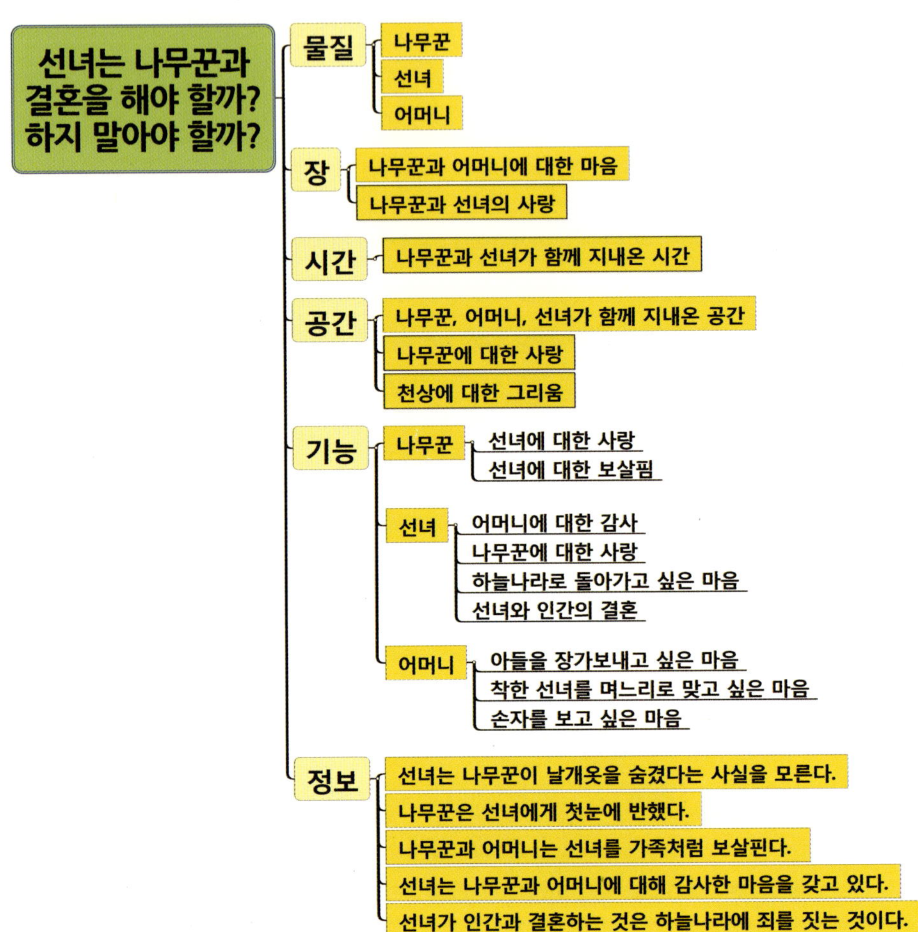

나무꾼과의 결혼을 고민하는 선녀. 선녀가 나무꾼과 결혼해야 하는 이유는 무엇이고, 결혼해선 안 되는 이유는 무엇일까?

선녀는 나무꾼이 날개옷을 숨겼다는 사실을 모르는 상태이기 때문에, 선녀를 보살피는 나무꾼과 나무꾼의 어머니에 대해 감사한 마음을 가질 수밖에 없다. 그리고, 선녀에게 지극한 사랑으로 대하는 나무꾼에 대해 연민과 사랑의 감정이 생기는 것도 자연스러운 것이라 할 수 있다. 따라서, 선녀는 나무꾼과 그 어머니에 대한 보은의 마음과 나무꾼에 대한 사랑의 감정으로 결혼을 해야 할 만한 이유가 된다.

하지만, 선녀는 땅 위의 인간과는 다른 존재이다. 다른 신분을 가진 인간과 결혼을 한다는 것은 인간세계에서 왕족과 평민이 결혼하는 것과 비슷하다 할 수 있다. 천상에 살던 선녀가 비천한 신분의 인간과 결혼한다는 사실은 선녀가 자신의 신분을 버려야 하는 상황이 된다. 선녀의 신분을 버리게 되면 선녀는 다시는 천상으로 올라갈 수 없는 상황이 되기 때문에, 이것은 선녀가 나무꾼과 결혼해서는 안 되는 이유가 된다.

2단계. 경계영역의 도식화

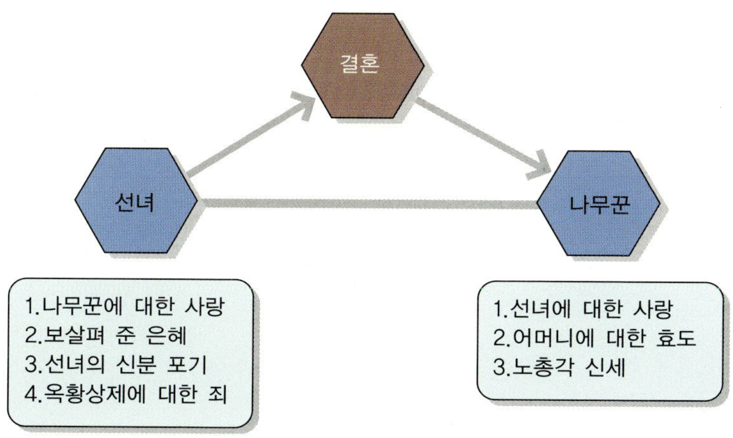

　1단계에서 분석한 바와 같이, 선녀는 나무꾼과 결혼하기 위해 선녀의 신분을 포기해야 하는 상황이 발생하게 된다. 또한 옥황상제님께 죄를 짓게 되는 상황까지 발생하기 때문에 선녀는 결혼을 해야 할지 말아야 할지 고민하게 된다.

3단계. 모순의 도출

선녀는 나무꾼과 결혼을 해야 한다.

왜냐하면,

1) 나무꾼과 그 어머니가 베풀어 준 은혜에 보답해야 한다.

2) 나무꾼의 어머니를 위해 손자를 안겨드려야 한다.

3) 선녀도 나무꾼을 사랑하게 되었으니까.

하지만, 나무꾼과 결혼해서는 안 된다.

왜냐하면,

1) 선녀로서의 신분을 포기해야 하니까.

2) 다시는 천상으로 돌아갈 수 없으니까.

3) 옥황상제님께 죄를 짓게 되니까.

　따라서 [선녀는 나무꾼과 결혼을 하기도 해야 하고, 하지 않기도 해야 한다]라는 모순을 찾을 수 있다.

도출된 모순을 동시에 해결할 수 있는 방법을 생각해 보자.

해결책

1) 결혼을 하지 않더라도 아기를 갖을 수 있는 방법

　– 아이를 입양한다.

2) 결혼을 하더라도 선녀의 신분을 포기하지 않는 방법

　– 결혼식만 올리고 합방은 하지 않는다.

　– 결혼식은 하더라도 천지신명께 성혼서약은 하지 않는다.

3) 나무꾼과 사랑을 하더라도 결혼을 하지 않는 방법

　– 결혼은 하지 않고 동거만 한다.

4. 날개옷을 지금 보여줄래 말래?

인간세상에 내려온 선녀는 착한 나무꾼과 결혼을 하고 시어머니를 봉양하며 아이 둘을 낳고 10년이 넘게 행복하게 살고 있었습니다. 그러던 어느 날 선녀는 자신의 날개옷을 훔친 사람이 바로 나무꾼이라는 사실을 알게 됩니다.

나무꾼 : "이봐 임자! 나랑 인간세상에 내려와 사는 게 어때?"

선녀 : "갑자기 무슨 말씀이세요?"

나무꾼 : "당신은 원래 천상에 살던 선녀였잖아. 인간세상에 내려와 사는 게 어떠냐구?"

선녀 : "무슨 말이 듣고 싶은지 모르겠네요. 하지만, 마음씨 착한 당신이랑 두 아이가 커가는 모습을 보면 정말 행복하답니다. 천상에서 느끼는 것과는 많아 달라서 비교할 수가 없어요."

나무꾼 : "난, 인간세상에 내려와서 삯바느질에 부잣집 허드렛일까지 하는 당신을 보면 미안한 생각도 들고, 당신의 그 고운 손이 거칠어지는 것을 보면 너무 미안해. 그때 내가 당신 날개옷만 훔치지 않았어도…"

선녀 : "당신, 그게 무슨 말씀이세요? 날개옷을 훔쳤다구요?"

나무꾼 : "아니, 아… 아니야. 날개옷은 무슨?"

선녀 : "당신이 지금 그랬잖아요. 내 날개옷을 당신이 훔쳤다고…. 어서 말해 봐요. 그게 정말이에요?"

나무꾼 : "여보, 정말 미안하게 되었어. 그래, 당신 날개옷을 훔친 건 바로 나였어."

선녀 : "그렇게 착한 당신이 도대체, 어떻게 그런 짓을…."

나무꾼 : "내 뭐라 할 말이 없네 임자…. 정말 미안해. 진심이야."

선녀 : "그럼 그 날개옷 지금은 어디에 있나요?"

나무꾼 : "아, 그… 그거?"

선녀 : "어서 말해 봐요. 날개옷 어디다 둔거죠?"

나무꾼 : "모… 몰라. 오래 돼서 기억이 아…. 않나."

선녀 : "여보! 내가 당신이랑 살아온 게 벌써 10년이에요. 당신이 거짓말에 서툴다는 것을 잘 알아요. 당신 내 날개옷을 감춰둔 거죠?"

나무꾼 : "그… 그게…."

선녀 : "여보, 내가 애들을 두고, 또 어머니를 두고 어디를 가겠어요?"

나무꾼 : "그래, 당신 같은 사람이 그럴리가 있겠어?"

선녀 : "그래요. 그러니까 걱정 말고 한 번만 보여주세요. 날개옷을 보며 옛날 생각을 한번 해보고 싶어요. 어디 가지 않을 테니 제발 보여주세요."

나무꾼 : "그런데, 노루가 아이 셋을 낳을 때까지는 절대 보여주면 안 된다고 해서…."

선녀 : "당신에게 옥녀탕을 가르쳐 준 것이 바로 노루였군요. 그렇죠? 노루죠?"

나무꾼 : "아, 아니… 가르쳐 줬다기보다…."

선녀 : "그런데, 아이 셋을 낳을 때까지 날개옷을 보여주지 말라고 한 건 뭐죠?"

나무꾼 : "난, 몰라. 난 그냥 시키는 대로 날개옷을 감췄을 뿐이라고…."

선녀 : "그래요. 분명 당신이 감춘 게 맞군요? 한 번만 보여 주세요. 여보!"

나무꾼 : "아… 참….."

선녀 : "내가 약속할게요. 당신 저 믿으시지요?"

나무꾼 : "물론 당신을 믿지. 믿고말고."

선녀 : "그러니 걱정하지 마시고, 보여주세요. 네?"

나무꾼은 생각에 잠겼습니다.

나무꾼은 날개옷을 보여줘야 합니다.

10년 넘게 인간세상에 내려와 나를 위해 고생한 선녀. 그런 선녀를 보면 한없이 한없이 미안하기만 합니다. 천상에 있었으면, 늙지도 않고 젊었을 때의 아름다움을 그대로 유지면서 영원히 살 수 있었을 텐데…. 그런 미안한 마음 때문에 날개옷을 한 번만 보여 달라는 선녀의 부탁을 거절할 수가 없습니다. 하지만, 날개옷을 보여줘서는 안 됩니다.

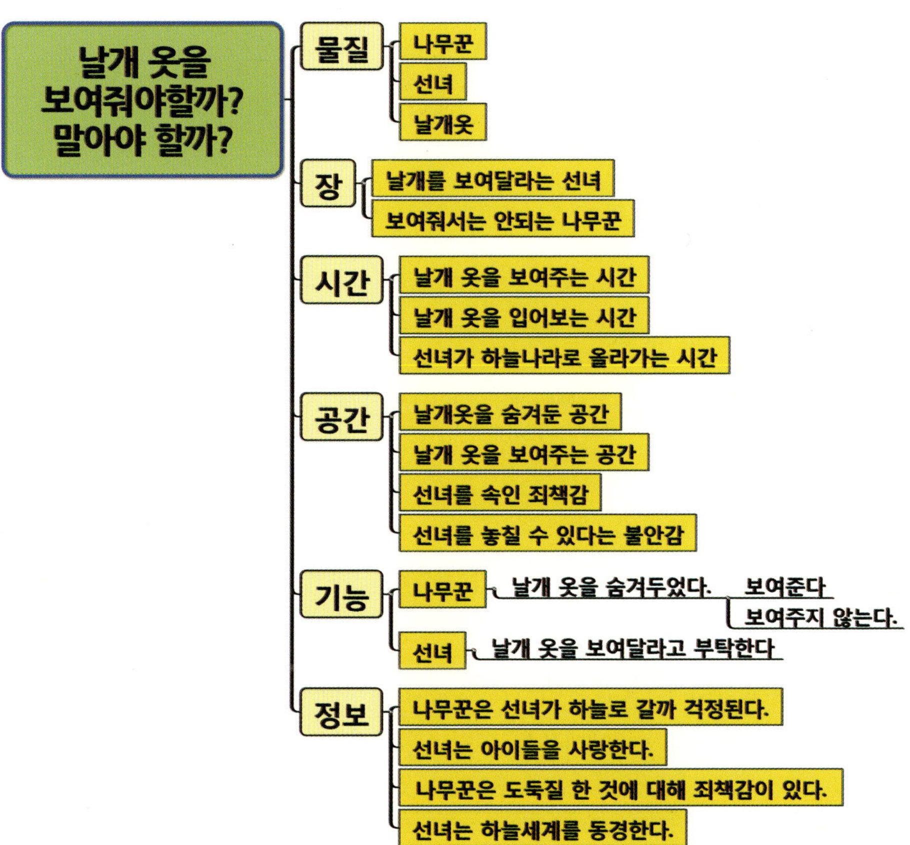

문제분석 내용을 보면, 나무꾼이 선녀에게 옷을 보여주어야 하는 상황이 바로 문제의 상황으로 정리된다. 나무꾼이 옷을 보여주게 되면 선녀를 잃게 될 수 있는 위험을 감수해야 한다. 따라서 옷을 보여줘야 할지, 말아야 할지 갈등을 하고 있다.

2단계. 경계영역의 도식화

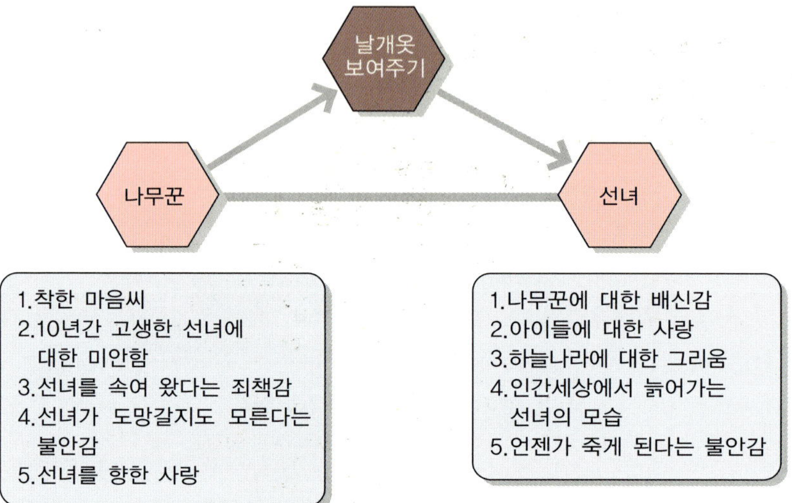

나무꾼은 선녀가 인간세상에서 고생해온 것에 대한 미안한 감정과, 그 동안 선녀를 속여 왔다는 죄책감을 가지고 있다. 또한, 사랑하는 선녀가 도망가게 될 지도 모른다는 불안감도 가지고 있다.

선녀는, 나무꾼이 날개옷을 훔쳤다는 사실에 대해 배신감을 느끼고 있다. 또한 인간세상에 살게 되면서 늙어가고 있는 본인의 모습을 발견하고, 언젠간 죽게 된다는 불안감도 가지고 있다. 하지만, 아이들에 대한 사랑만큼은 지극하다.

3단계. 모순의 도출

[나무꾼은 선녀에게 날개옷을 보여줘야 한다.]

왜냐하면,

1) 나무꾼을 위해 고생해온 선녀에게 미안하니까.

2) 선녀를 속여 온 사실을 들켜 버렸기 때문에.

3) 날개옷은 원래부터 선녀 것이었으니까.

4) 선녀가 떠나지 않는다고 약속했기 때문에.

5) 선녀는 아이들을 두고 떠나가지 못하니까.

하지만, 나무꾼은 선녀에게 날개옷을 보여줘서는 안 된다.

왜냐하면,

1) 선녀가 날개옷을 입고 도망갈 수도 있으니까.

2) 점점 늙어가는 선녀가 천상을 동경하고 있으니까.

3) 떠나지 않는다고 약속은 하였지만, 애초 잘못은 나무꾼이 했으니까.

따라서 **모순**은 다음과 같다.

나무꾼은 선녀의 날개옷을 보여주기도 해야 하고, 보여주지 않기도 해야 한다.

4단계. 모순의 분석 및 해결책 도출

도출된 모순을 동시에 해결할 수 있는 방법을 생각해 보자.

해결책

1) 나무꾼이 선녀의 날개옷을 보여주지 않고서도 선녀를 설득시킬 수 있는 방법

- 사흘간 생각할 시간을 달라고 한 뒤, 모조 날개옷을 만들어 보여준다.
- 선녀가 포기할 때까지 식음을 전폐하고 단식투쟁을 한다.

2) 나무꾼이 선녀의 날개옷을 보여주고서도 선녀가 승천하지 못하는 방법

- 날개옷을 유리관 속에 담아서 볼 수는 있되, 만지지 못하게 한다.
- 날개옷을 나무꾼의 몸에 단단히 묶어서 보여준다.
- 날개옷을 보여주되 아이들은 나무꾼이 데리고 있는다.

5. 날개옷을 입고, 천상으로 올라갈래 말래?

선녀의 끈질긴 설득에 나무꾼은 선녀에게 날개옷을 보여주기로 하였습니다.

나무꾼 : "여보, 내가 당신에게 얼마나 많은 고통을 주었는지 잘 알고 있소. 정말 미안하오."

선녀 : "서방님, 저는 오직 서방님의 착한 마음씨 하나만 보고 서방님과 같이 살아 왔습니다. 하지만, 서방님이 제 날개옷을 보여주지 않으신다면, 한평생 서방님을 원망하며 살아갈 것입니다. 날개옷을 한 번만 보여 주신다면 서방님 곁에서 평생을 함께 하도록 하겠습니다. 천지신명께 맹세합니다."

나무꾼 : "잘 알겠소, 선녀인 당신이 거짓을 말하리라 생각하지 않소. 내가 직접 당신에게 가져다 주리다."

나무꾼이 날개옷을 가지러 밖으로 나가자 선녀는 나무꾼과의 사이에서 낳은 해님이와 달님이를 불렀습니다.

선녀 : "해님아! 달님아! 이따가 엄마가 너희를 데리고 먼 데를 좀 가야겠다."

해님 : "엄마, 어디를 가시게요?"

선녀 : "너희들 그동안 외할머니와 외할아버지를 보고 싶다고 했지? 우리 외갓집에 가자꾸나."

달님 : "와!! 우리도 외갓집이 있는 거예요?"

해님 : "그럼 엄마, 아빠도 함께 가시나요?"

선녀 : "아마 아버지는 못 가실 것 같구나. 엄마 아빠가 모두 어딜 가버리면 할머니가 혼자 계셔야 하잖니? 아빠는 할머니랑 계셔야 한단다."

해님 : "알았어요, 엄마."

선녀 : "그래 그럼, 새옷으로 갈아입고, 뒷동산 바위 밑에서 기다리거라.
엄마가 금방 데리러 갈 테니…."

달님 : "알았어요 엄마, 오빠 가자…."

해님이와 달님이에게 뒷동산 바위 밑에 있으라고 당부한 선녀는 나무꾼
이 오기만을 기다렸습니다. 얼마 후, 나무꾼은 하얀 날개옷을 가지고 선
녀 앞에 나타났습니다.

나무꾼 : "여기 있소. 그동안 내가 당신을 속였다오. 용서해 주시오."

선녀 : "감사합니다, 서방님. 감사합니다."

하염없이 눈물을 흘리며 선녀는 날개옷을 받아들었습니다.

날개옷이 손끝에 닿자마자 날개옷은 스르르 녹아 들더니 이내 선녀의
몸을 감싸기 시작했고, 순식간에 날개옷은 선녀에게 입혀졌습니다. 날개
옷을 입은 선녀는 하늘로 치솟아 올라가기 시작했습니다.

나무꾼 : "선녀! 선녀! 나를 떠나지 않는다고 하지 않았소?"

선녀 : "서방님! 하지만 저를 먼저 속인 것은 서방님입니다."

나무꾼 : "선녀! 제발 떠나지 마시오. 당신을 사랑하오."

선녀 : "서방님! 저도 사랑합니다. 하지만, 계속 인간세상에 머물러 있게
된다면 저는 결국 늙어서 죽게 된답니다. 서방님 저는 천상으로 올라가
야 해요."

나무꾼 : "선녀! 해님이와 달님이는 어떡한단 말이오. 엄마 없이 어떻게
산단 말이오?"

선녀　: "아이들은 제가 데리고 갑니다. 천상에서는 배곯는 일 없이 행복하게 살 수 있을 겁니다. 서방님은 걱정하지 마세요."

나무꾼 : "선녀! 선녀! 당신도 없이, 그리고 아이도 없이 나는 어떻게 산단 말이오?"

선녀 : "서방님, 이렇게 할 수 밖에 없는 절 용서하세요."

선녀는 나무꾼 주위를 맴돌다 하늘로 솟구쳤습니다. 나무꾼이 시야에서 멀어지자, 선녀는 해님이와 달님이가 있는 뒷동산 바위 밑으로 와서 해님이와 달님이를 동시에 감아 안고서는 하늘로 올라가기 시작했습니다.

해님 : "엄마! 우리가 하늘을 날고 있어요!"

선녀 : "그래, 해님아 우린 천상으로 가고 있단다."

그때, 달님이가 땅 밑을 내려다보았고, 저 밑에 아빠가 보였습니다.

달님 : "어? 아빠다. 저 밑에 아빠가… 울고 계셔!"

선녀 : "해님아, 달님아, 이제는 아빠를 보지 못한단다. 아빠한테 인사를 하려므나?"

해님 : "다시는 아빠를 못 본다구요?"

해님이와 달님이는 아빠를 보지 못한다는 선녀의 말에 흐느끼기 시작했습니다. 아빠를 그리워하는 아이들을 보며, 선녀는 생각에 잠겼습니다. 선녀는 과연 천상으로 돌아가야 할까요? 가지 말아야 할까요?

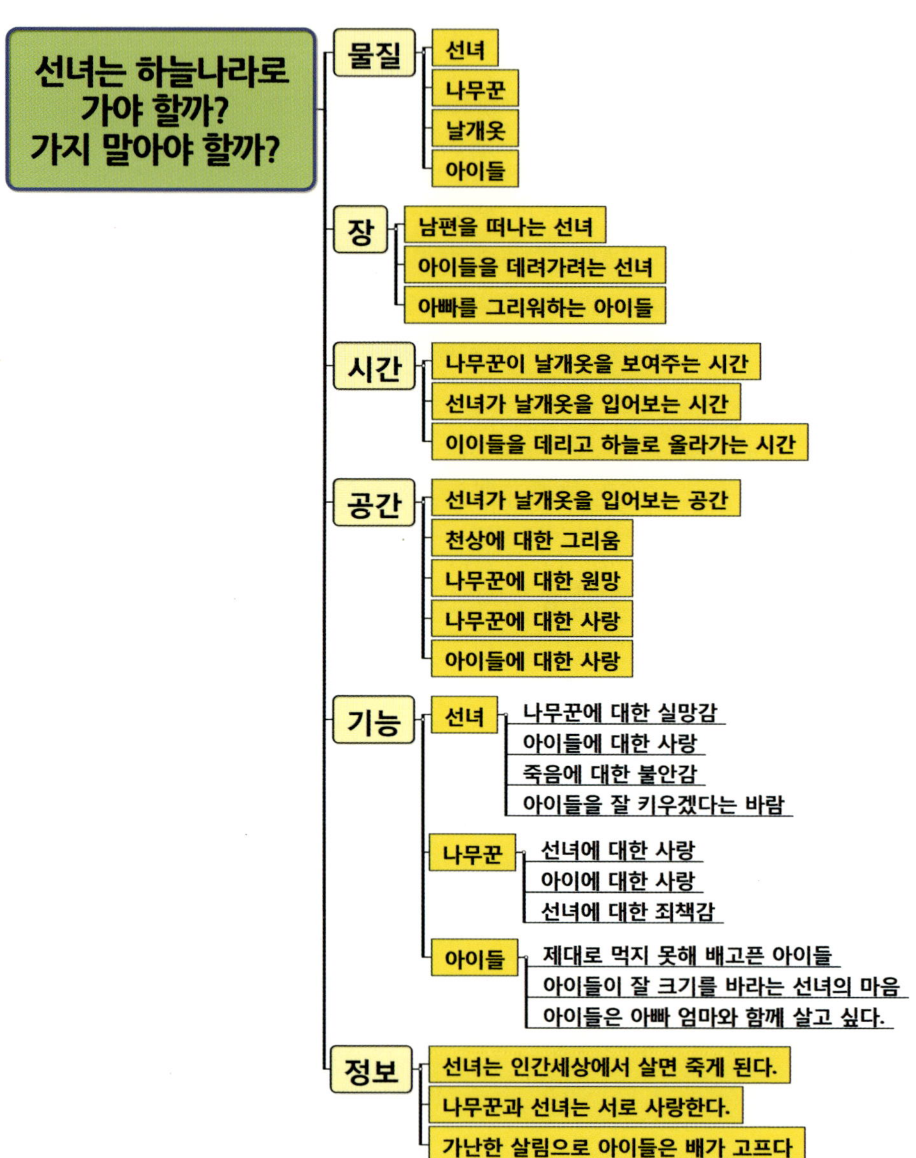
선녀는 하늘나라로 가야 할까? 가지 말아야 할까?
물질
선녀
나무꾼
날개옷
아이들
장
남편을 떠나는 선녀
아이들을 데려가려는 선녀
아빠를 그리워하는 아이들
시간
나무꾼이 날개옷을 보여주는 시간
선녀가 날개옷을 입어보는 시간
이이들을 데리고 하늘로 올라가는 시간
공간
선녀가 날개옷을 입어보는 공간
천상에 대한 그리움
나무꾼에 대한 원망
나무꾼에 대한 사랑
아이들에 대한 사랑
기능
선녀
나무꾼에 대한 실망감
아이들에 대한 사랑
죽음에 대한 불안감
아이들을 잘 키우겠다는 바람
나무꾼
선녀에 대한 사랑
아이에 대한 사랑
선녀에 대한 죄책감
아이들
제대로 먹지 못해 배고픈 아이들
아이들이 잘 크기를 바라는 선녀의 마음
아이들은 아빠 엄마와 함께 살고 싶다.
정보
선녀는 인간세상에서 살면 죽게 된다.
나무꾼과 선녀는 서로 사랑한다.
가난한 살림으로 아이들은 배가 고프다

문제를 분석해 보면, 날개옷을 입은 선녀가 인간세상을 떠나 천상으로 올라가고자 하는 상황이다. 선녀가 천상으로 올라가게 되면 아이들은 아빠 없는 아이들이 되고 만다. 하지만, 선녀가 인간세상에 머물러 있게 되면 언젠간 죽음을 맞이해야 한다. 선녀는 어떠한 선택을 해야 할까?

2단계. 경계영역의 도식화

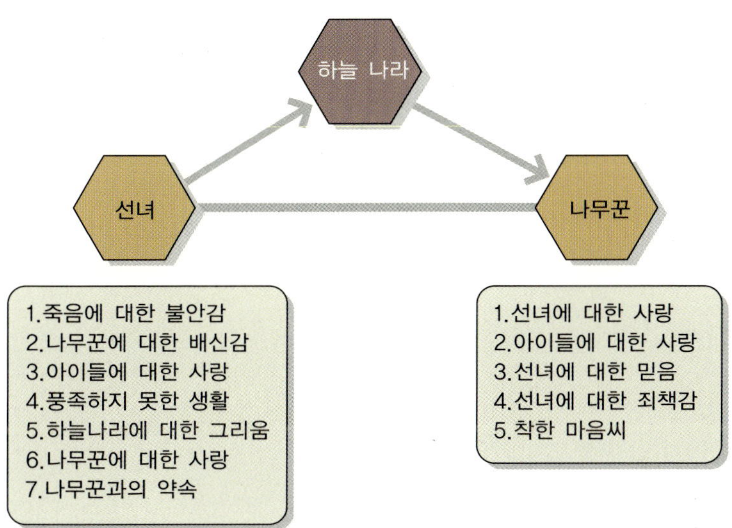

선녀의 말을 철썩 같이 믿었건만, 선녀는 하늘로 올라가려 한다. 하지만 나무꾼은 자신이 저지른 죄가 있기 때문에 더 이상 말릴 수도 없다.

아이들을 데리고 천상으로 올라가려는 선녀. 밥을 굶는 아이들을 보는 것이 너무나 가슴 아팠던 선녀는 아이들만큼은 천상에서 키우고 싶어 한다. 그러나, 아이들은 아빠 없이 자랄 수밖에 없다.

인간세상의 생활이 죽음을 앞두고 있기 때문에 항상 죽음에 대한 공포와 불안감을 안고 살아야 하지만, 오직 인간에게서만 느낄 수 있는 가슴 벅찬 감동과 사랑, 그리고 행복을 더 이상은 느낄 수가 없다. 더욱이, 선녀 역시 나무꾼을 깊이 사랑하고 있었다는 사실을 깨닫게 된다.

3단계. 모순의 도출

선녀는 천상으로 올라가야 한다.

왜냐하면,

1) 인간세상에서는 죽음을 기다려야 하니까.

2) 배고픈 아이들을 더 이상 볼 수 없으니까.

3) 천상은 선녀가 살던 고향이니까.

하지만, 선녀는 천상으로 올라가면 안 된다.

왜냐하면,

1) 아이들이 아빠 없이 자라야 하니까.

2) 선녀도 나무꾼을 깊이 사랑하고 있으니까.

3) 평생 울고 지낼 나무꾼을 생각하면 가슴이 아프니까.

4) 인간세상에서만 느낄 수 있는 감동을 천상에서는 느낄 수 없으니까.

따라서 **모순**은 다음과 같다.

[선녀는 천상으로 올라가기도 하고, 올라가지 않기도 해야 한다.]

4단계. 모순의 분석 및 해결책 도출

도출된 모순을 동시에 해결할 수 있는 방법을 생각해 보자.

해결책

1) 천상에 가서도 아이들이 아빠를 볼 수 있고, 인간세상의 정을 느낄 수 있
   는 방법

   - 천상에 나무꾼도 데려간다.
   - 천상에 올라가서 인간세상과 같은 커뮤니티를 만들어 낸다.

2) 천상에 가지 않고서도 죽지 않을 수 있고, 아이들이 굶지 않을 수 있는
   방법

   - 불로장생의 약을 구해서 먹는다.
   - 날개옷을 팔아 장사밑천을 만들어 열심히 일해서 부자가 된다.

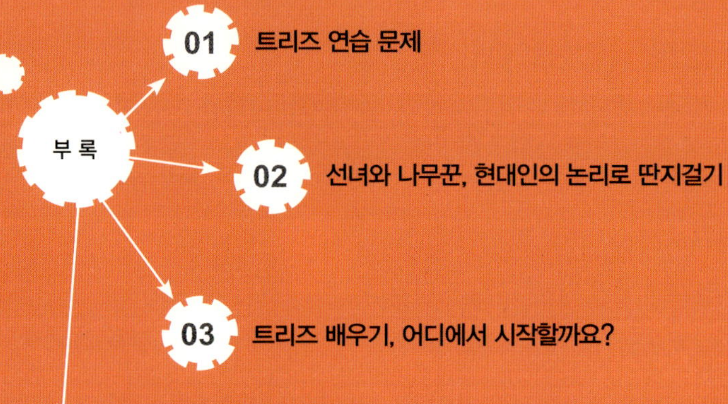
부 록
01 트리즈 연습 문제
02 선녀와 나무꾼, 현대인의 논리로 딴지걸기
03 트리즈 배우기, 어디에서 시작할까요?
04 트리즈 자료
– 그림으로 배우는 40가지 발명원리
– 기술모순 매트릭스
– 비즈니스트리즈 매트릭스

트리즈로 풀어보는 민담

부 록

트리즈
연습문제

　노루가 일러준 대로 둥근 달이 뜨는 밤에 선녀탕에 도착한 나무꾼은 정말로 하늘에서 선녀가 내려와 목욕을 하는 것을 보자 깜짝 놀란다. 그런데, 선녀가 정말 예쁜지, 결혼할 만한지 알기 위해서는 선녀탕에 가까이 가서 목욕하는 선녀를 훔쳐봐야 하고, 관음증(변태)이 되지 않기 위해선 목욕하는 선녀를 훔쳐보지 않고 선녀날개옷을 가져와야 하니 갈등이 생겼다.

위와 같은 갈등을 모순 분리의 방법으로 해결안을 찾아보세요.

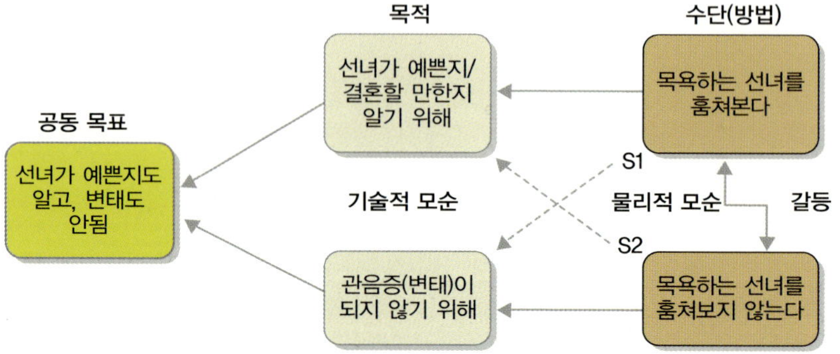

S1 : 목욕하는 선녀를 보고, 관음증(변태)이 되지 않는다.

➡ 목욕하는 선녀를 보고, 선녀도(예술)를 그린다.

* 원래 나무꾼은 화가였다.

S2 : 목욕하는 선녀를 보지 않고, 선녀가 예쁜지/결혼할 만한지 안다.

➡ 다른 사람(제3자)이 목욕하는 선녀를 보고, 나무꾼은 선녀가 예쁜지/결혼할 만한지 결과만 듣는다.

* 노총각 아들을 결혼시키고 싶은 노모(장차 시어머니)가 대신 볼 수 있다.

　선녀가 두 아이를 안고 하늘로 올라가 버린 뒤 상심에 빠지자, 다시 노루가 나타나 선녀들이 선녀탕에 내려와 더 이상 목욕을 하지는 않으나, 한 달에 한 번 하늘에서 선녀탕의 물을 길어 올리는 두레박이 내려온다고 알려준다.

그리고 하늘에서 내려오는 두레박을 타고 하늘로 올라가면, 다시 선녀와 아이들과 재회할 수 있다고 알려준다. 그런데 선녀/자녀와 재회하기 위해선 두레박을 타고 하늘로 올라가야 하는데, 노모를 모시고 살기 위해선 두레박을 타고 천상으로 올라가지 말아야 하는 갈등이 생겼다.

위와 같은 갈등을 모순 분리의 방법으로 해결안을 찾아보세요.

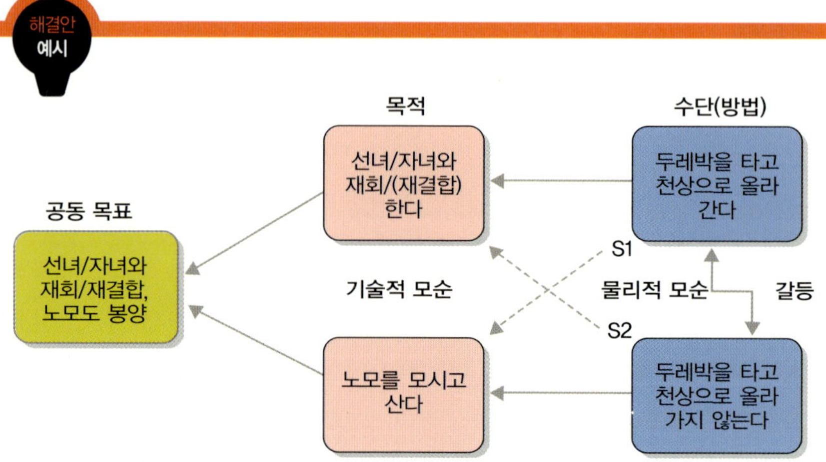

S1 : 두레박을 탄 후 천상으로 올라가고, 노모도 모시고 산다.

➜ 두레박을 탈 때 노모와 같이 타고 천상으로 올라간다.

S2 : 두레박을 타고 천상으로 올라가지 않고, 선녀/자녀와 재회(재결합)한다.

➜ 다른 사람(제3자)이 두레박을 타고 천상에 올라가, 천상의 선녀/자녀에게 지상으로 내려오라고 종용한다.

*선녀의 시어머니이며, 자녀의 할머니인 노모가 천상에 올라가 선녀와 자녀에게 지상으로 가자고 종용할 수 있다.

　　노루가 알려준 대로 선녀탕에 내려온 두레박을 타고 하늘로 올라간 나무꾼은 선녀와 아이들과 재회하고, 여러 가지 우여곡절 끝에 천상 생활에 자리를 잡는다.

그런데 지상에 두고 온 노모에 대한 그리움과 효도를 실현하기 위해선 다시 천상을 떠나 지상에 두고 온 노모를 방문해야 하고, 천상가족과 천상에서의 생활을 원만하게 지속하기 위해선 함부로 천상을 떠나지 말고 지상에 두고 온 노모를 방문해서는 안 된다.

위와 같은 갈등을 모순 분리의 방법으로 해결안을 찾아보세요.

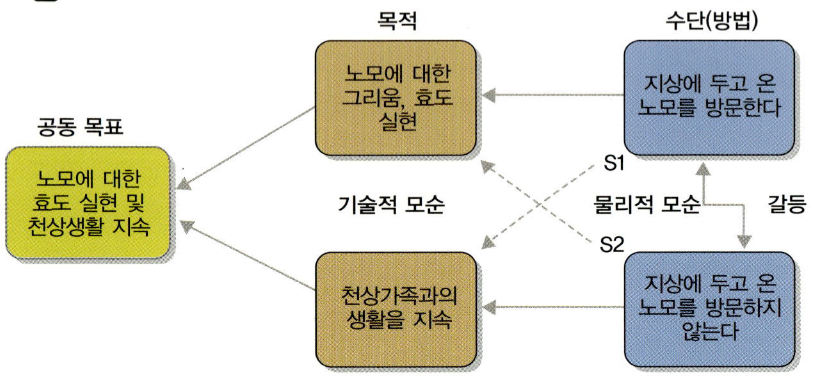

S1 : 지상에 두고 온 노모를 방문하고, 천상가족과의 생활을 계속한다.

➡ 나무꾼 혼자 지상으로 가지 말고, 천상의 선녀/자녀와 함께 가족동반하여 노모를 방문한다.

S2 : 지상에 두고 온 노모를 방문하지 않고, 노모에 대한 그리움, 효도를 실현한다.

➡ 노모를 천상으로 모시고 와 함께 산다.

선녀의 배려로 용마를 타고 내려가 지상의 노모를 상봉하는 중, 어머님이 떠 준 팥죽이 용마의 잔등에 떨어져 다시 지상으로 떨어진 나무꾼은 큰 슬픔에 빠진다.

그런데, 지상의 노모를 모시고 다시 행복하게 살기 위해선 천상행을 포기해야 하고, 하늘에 두고 온 선녀/자녀와 재결합하기 위해선 다시 천상행에 도전해야 한다.

위와 같은 갈등을 모순 분리의 방법으로 해결안을 찾아보세요.

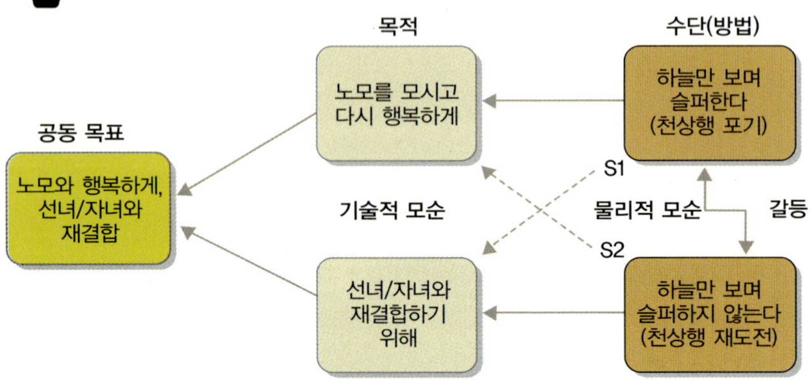

S1 : 하늘만 보며 슬퍼하고(천상행 포기), 선녀/자녀와 재결합 한다.

➡ 열심히 기도하여 옥황상제가 다시 선녀와 자녀를 내려 보내게 한다.

➡ 노루에게 천상가족과의 소통방법을 물어 천상의 가족에게 지상으로 내려올 것을 종용한다.

S2 : 하늘만 보며 슬퍼하지 않고(천상행 재도전), 노모를 모시고 다시 행복하게 산다.

➡ 노루에게 부탁하여 천상행에 재도전하고, 천상으로 갈 때 노모를 동반한다.(ex : 탈북자 사례)

　다시 지상으로 내려와 노모와 살게 된 나무꾼에게 주위 사람들은 지상에서의 새출발을 격려하며 재혼을 권유한다.

그런데, 지상의 노모를 모시고 다시 행복하게 살기 위해선 재혼하는 것도 좋을 것 같고, 하늘에 두고 온 선녀/자녀를 그리워 하자니 재혼을 할 수 없을 것 같다.

위와 같은 갈등을 모순 분리의 방법으로 해결안을 찾아보세요.

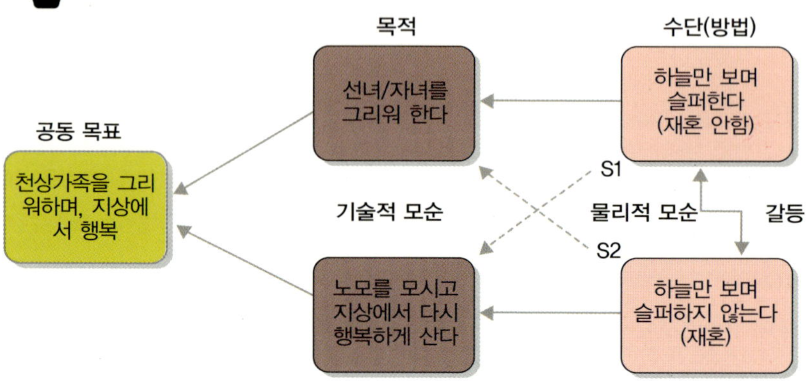

S1 : 하늘만 보며 슬퍼하고(재혼 안하고), 노모를 모시고 지상에서 행복하게 산다.

➡ (선녀/자녀와의 기억을 지울 수 없지만) 선녀를 만나기 전의 상태로 돌아간다.

S2 : 하늘만 보며 슬퍼하지 않고(재혼하고), 선녀/자녀를 그리워 한다.

➡ 나무꾼이 다른 여자와 재혼하여 살면서, 천상의 선녀/자녀에 대한 그리움도 계속 간직한다(사별한 것처럼 그리워함).

　다시 지상으로 내려와 노모와 살게 된 나무꾼은 그 동안 자신의 생활이 참으로 특별하다고 생각했다. 그런데, 이러한 자신의 이야기를 세상에 알리자니 미친 사람 소리를 들을 것 같고, 어쩌면 자신의 경험이 세상에 알려져 천상이야기가 소설이나 영화화되어 팔리면 부자가 되어 노모를 여유롭게 잘 모실 것 같기도 하다.

미친 사람 소리 안 듣고 조용히 살자면 선녀와의 이야기를 혼자만 알고 지내야 하고, 부자가 되기 위해선 자신의 천상이야기를 세상에 팔아야 한다.

위와 같은 갈등을 모순 분리의 방법으로 해결안을 찾아보세요.

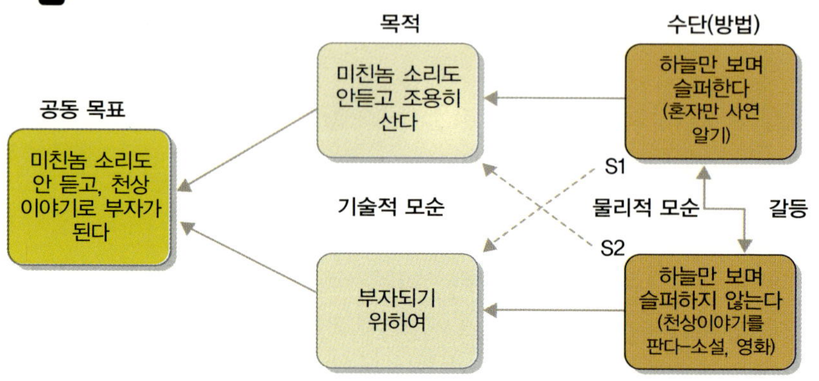

S1 : 하늘만 보며 슬퍼하고(혼자만 사연 알고), 천상이야기로 부자가 된다.

➜ 나무꾼이 천상에서 보고 들은 지식/경험(?)을 이용하여, 천상과 관련된 새로운 비즈니스를 개발해 부자가 된다.

S2 : 하늘만 보며 슬퍼하지 않고(천상이야기로 소설 집필), 미친놈 소리 안 듣고 조용히 산다.

➜ 나무꾼의 경험을 소설, 영화 등의 소재로 제공(민담의 주인공이 되고)하고 본인은 은둔하여 조용히 산다.

➜ 본인과 같이 천상가족과 이산가족이 된 다른 나무꾼을 찾아 서로 위로하며 조용히 산다.

　선녀탕으로 내려와 목욕을 마친 선녀는 자신의 선녀날개옷이 없어진 것을 알게 된다. 다른 선녀들은 선녀옷을 입고 하나 둘 하늘로 올라가는데, 자신만 선녀옷이 없어져, 선녀탕에서 나오지도 못하고 있다.

그런데, 지나가던 나무꾼이 사연이 딱하다고 장에서 사온 자신의 어머니 옷을 내어주며, 잘 곳도 없는 것 같은데 자신의 집으로 가서 어머니와 함께 하룻밤 묵으라고 제안한다.

선녀옷을 잃어버리고 지상에 갈 곳도 없으니 하루 잠잘 곳을 찾기 위해선 나무꾼을 따라가야 하고, 선녀옷을 잃어버렸으나 다시 천상에 돌아갈 방도를 찾기 위해선 나무꾼을 따라가지 말고 다른 방안을 찾아야 한다.

위와 같은 갈등을 모순 분리의 방법으로 해결안을 찾아보세요.

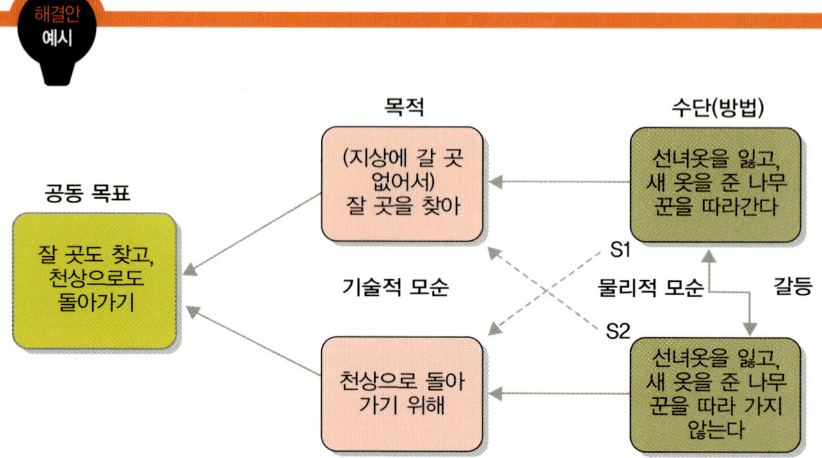

S1 : 선녀옷을 잃어버리고 새 옷을 준 나무꾼을 따라가고, 천상으로 돌아간다

➡ 나무꾼을 따라가서 하룻밤(일정 기간) 지내고, 선녀들이 다시 내려오는 날 다른 선녀에게 새 선녀옷을 받아 다시 승천한다.

S2 : 선녀옷을 잃어버리고 새 옷을 준 나무꾼을 따라가지 않고, 잘 곳을 찾는다.

➡ 나무꾼에게 받은 옷을 입었으므로, 산신령을 찾아가거나 다른 신령한 존재를 찾아가 잘 곳을 찾는다.

　　선녀옷을 돌려받아 아이들을 데리고 하늘로 올라온 선녀는 나무꾼이 다시 선녀탕으로 내려간 두레박을 타고 올라 온 것을 보고 깜짝 놀란다.

아이들이 아버지를 만나 재회하게 하려면 두레박을 타고 온 나무꾼을 받아들여야 하고, 나무꾼이 선녀옷을 훔쳐간 후 수년간 일어난 일을 생각하니 나무꾼에게 선녀옷을 훔친 벌을 받게 하기 위해선 나무꾼을 받아들일 수 없게 되었다.

위와 같은 갈등을 모순 분리의 방법으로 해결안을 찾아보세요.

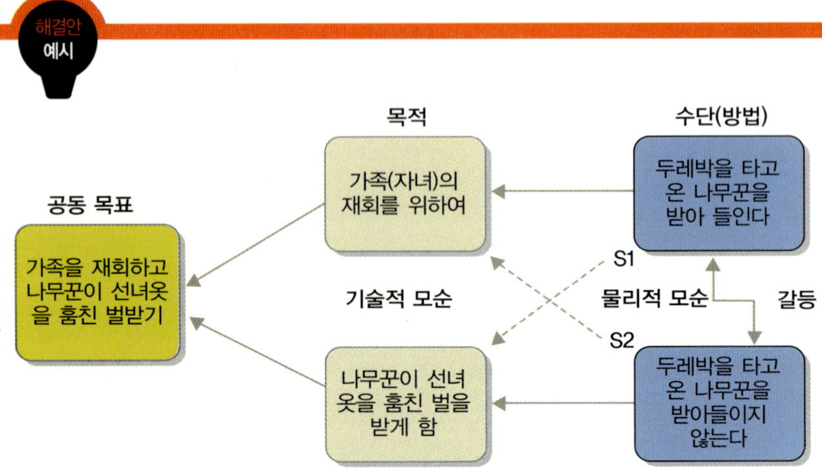

S1 : 두레박을 타고 온 나무꾼을 받아들이고, 선녀옷을 훔친 벌을 받게 한다.

➡ 두레박을 타고 온 나무꾼이 선녀의 남편이자 자녀의 아버지이므로 가족으로 받아들이지만, 선녀옷을 훔친 죄로 무언가 다른 봉사명령 등으로 벌을 받게 한다.(ex : 사회봉사명령 등)

S2 : 두레박을 타고 온 나무꾼을 받아들이지 않고, 가족의 재회만 허용한다.

➡ 선녀는 나무꾼을 받아들이지 않지만, 자녀와 나무꾼이 만나게 허용한다.
(ex : 이혼 부부의 자녀만남)

선녀는 다시 두레박을 타고 하늘로 올라온 나무꾼과 재결합하여 살게 되었는데, 나무꾼은 다시 지상의 노모를 그리워하기 시작한다. 나무꾼이 그리운 노모에게 효도하게 하려면 지상의 노모를 방문하게 해야 하지만, 나무꾼이 지상으로 내려가면 다시 천상으로 올라오지 못할 수 있어서, 다시 이별하지 않으려면 나무꾼이 지상의 노모를 방문하지 못하게 해야 한다.

위와 같은 갈등을 모순 분리의 방법으로 해결안을 찾아보세요.

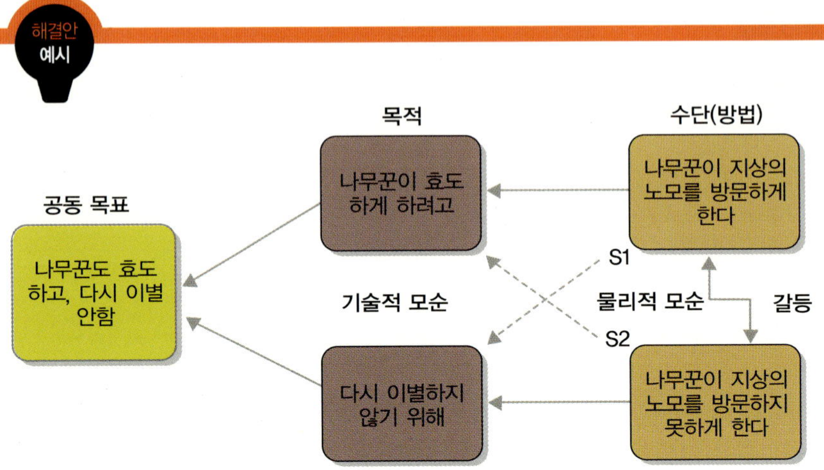

S1 : 나무꾼이 지상의 노모를 방문하게 하고, 다시 이별하지 않는다.

➡ 나무꾼 혼자 노모를 방문하지 않고, 선녀와 자녀도 함께 방문하여 가족(나무꾼+선녀+자녀)이 헤어지지 않게 한다.

S2 : 나무꾼이 지상의 노모를 방문하지 못하게 하고, 효도하게 한다.

➡ 나무꾼이 지상으로 내려가는게 아니고, 지상의 노모가 천상으로 올라오게 하여 효도하게 한다(ex : 명절 날 부모님의 역귀성)

선녀가 지상의 노모를 그리워하는 나무꾼을 위해 용마를 구해주고, 지상에서 꼭 지켜야 할 규칙을 가르쳐 주었음에도, 나무꾼이 용마에서 떨어져 천상으로 올라오지 못하고 지상에 남게 된다.

선녀는 다시 나무꾼과 가족의 재회를 위해서는 지상에 떨어진 나무꾼을 다시 천상에 오게 해야 하는데, 나무꾼이 계속해서 천상의 규칙을 깨뜨리는 바람에 천상의 규칙을 지키기 위해선 나무꾼을 천상에 오지 못하게 해야 한다.

위와 같은 갈등을 모순 분리의 방법으로 해결안을 찾아보세요.

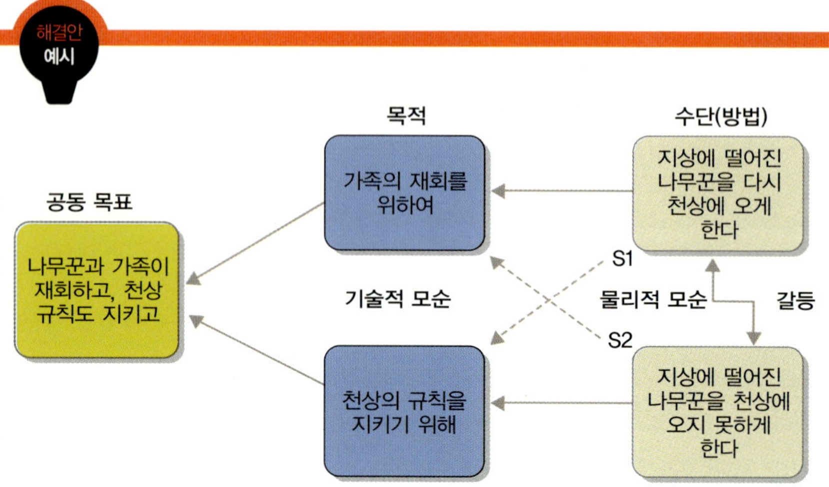

S1 : 지상에 떨어진 나무꾼이 천상에 돌아오며, 천상의 규칙을 지킨다.

➡ 선녀가 옥황상제에게 청원하여 나무꾼이 돌아오게 한다.

지상에 떨어진 나무꾼이 천상에 올 수 있게, 천상의 규칙을 바꿀 수 있도록 노력한다(천상의 규칙이 바뀌면 바로 나무꾼을 데려온다).

S2 : 지상에 떨어진 나무꾼을 다시 천상에 못 오게 하고, 가족이 재회한다.

➡ 나무꾼이 지상에 떨어졌으므로, 선녀와 자녀도 다시 지상으로 내려온다.

선녀가 애를 2명 낳은 뒤 살이 찌자, 나무꾼은 고민이 되기 시작했다. 노루가 말한 대로 3명을 낳아야 하는데, 3명을 낳고 나면 선녀가 동네 아낙과 다를 바 없이 뚱뚱해질까봐 걱정이 된 것이다.

선녀랑 오랫동안 잘 살려면 3명을 낳아야 하고, 몸매를 유지시키려면 2명만 낳아야 하니 어찌해야 할 지를 쉽게 정하지 못했다.

몸매가 망가질까봐 애를 조금만 낳을 건지, 노루의 말대로 3명을 낳을 건지 트리즈적인 사고로 해결안을 찾아보세요.

  결국, 나무꾼은 산신령의 도움을 받기 위해 집을 나서서 산으로 갔습니다. 산신령이 나무꾼을 보니 얼굴에 고민이 있는 게 딱 보이는지라, 나무꾼 앞에 나타났습니다.

"무슨 고민이 있는지 얼굴이 볼 만하구나."

나무꾼은 산신령에게 고민을 털어 놨습니다. 나무꾼의 얘기를 들은 산신령은 지난 번 옷을 보여줄 지를 고민할 때와 같은 방법으로 문제를 풀어 나가면 될 것 같아서 나무꾼에게 두 고민 중 한 개를 선택하라고 합니다.

고민하던 나무꾼은 몸매를 유지하는 것이 더 중요하다고 결론을 내립니다. 이에 산신령은 확인 차원에서 되묻습니다.

"아이를 더 이상 안 낳고 선녀의 몸매를 유지하는 걸 선택한 것이 맞느냐?"

나무꾼은 맞다고 대답을 하고 나니, 아이가 적거나 아예 없어도 선녀가 몸매를 유지하면서 도망을 가지 못하는 방법을 찾아야 함을 깨달았습니다. 이 깨달음을 산신령에게 확인 받고 나서, 선녀가 도망가지 못하게 할 수 있는 자원이 뭐가 있나 하고 생각해 보니, 선녀가 아이들을 좋아하고, 주변에 고아들이 많다는 것이 떠올랐습니다.

산신령은 나무꾼이 생각해 낸 정보를 가지고 문제를 더욱 명확하게 만들어 보았습니다. '선녀가 아이들을 좋아하는 것을 활용해서 몸매도 유지하고, 스스로 도망을 가지 못할 방법을 찾기'로 말입니다.

나무꾼과 산신령은 주변의 고아들을 키울 수 있는 고아원을 설립하고 선녀가 원장이 되어서 애들을 돌보게끔 작당을 하면서 그 날의 만남을 끝냈답니다.

선녀는 나무꾼이 날개옷을 보여 주자, 괘씸한 마음에 바로 옷을 입고 하늘로 올라가려고 하였습니다. 그런데, 몇 년간 살아서 정이 들기도 했고, 불쌍한 시어머니도 맘에 걸리고, 살고 있는 곳의 경치도 마음에 들어서 따분한 천상 보다는 재밌는 일도 많은 지상의 생활을 계속할지, 그만할지가 고민이 되었습니다.

선녀가 옷을 돌려받은 후 나무꾼이랑 살 건지, 하늘로 올라갈 건지의 위와 같은 갈등을 물리적 모순의 분리 방법으로 해결안을 찾아보세요.

　　선녀는 한 쪽을 선택하는 것은 쉬우나 좀 더 좋은 방법이 없을까 고민을 하다가 문제 상황을 나눠 봐야겠다는 생각이 들었습니다.

선녀가 생각한 시간적인 분리는 춥고 더울 때는 천상에 있고, 봄과 가을에는 지상에서 사는 것이었습니다.

그래서 지상의 나무꾼 집을 별장으로 더 예쁘게 확장하여 다른 선녀들도 놀러 올 수 있게 하면, 양쪽 다 만족할 수 있다는 생각이 들어서 나무꾼이 돌려준 옷을 입고 다른 선녀들의 의견을 묻기 위해 하늘로 올라갔습니다.

하늘에 있던 선녀들은 돌아온 선녀가 반가운데다, 좋은 계획까지 제시하자 모두들 열렬한 응원을 보냈습니다.

생활 속의 트리즈 적용하기

누구나 한 번쯤은 화장실에서 손을 씻고 나서 티슈를 잡아 당기려고 할 때 티슈가 찢어지는 상황을 경험해 보았을 것이다. 이때 어떤 사람은 짜증을 내면서 휴지를 왕창 빼버린 다던지, 아니면 찢어진 휴지를 다시 빼려고 하는데 잘 빠지지 않아 여러 장을 겹겹이 다시 빼는 경우가 빈번하다.

누군가에게는 아무런 문제가 되지 않고, 누군가에게는 재수 없는 시간이 될 수도 있는 이 문제는 바로 우리 자신이 문제를 문제로 바라보는 눈이 있느냐 부터 시작할 수 있다.

지금부터 우리는 이 상황을 문제로 보며 트리즈로 풀어보려고 한다.

1. 문제 상황

화장실에서 손을 씻은 후 젖은 손으로 보관되어 있는 티슈를 뽑을 때, 간혹 젖은 상태로 티슈가 찢어지는 상황

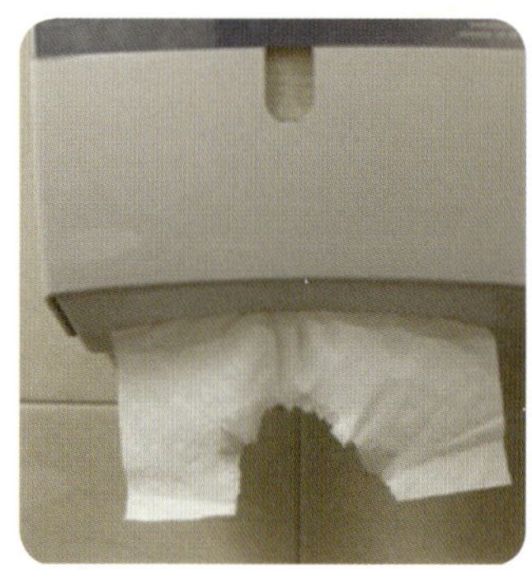

2. 문제 분석

1) 자원 분석

- 대상 시스템 : 티슈
- 내부 자원 : 티슈 Box, 물 , 손
- 상위 시스템 : 공기, 티슈를 채워주는 아줌마

2) 인과 분석

티슈 찢어짐 발생
티슈가 빠지지 않는다
티슈가 젖는다
티슈가 약하다
Box가 잡고 있다
젖은 손으로 잡는다
티슈가 얇다
재질이 약하다
티슈가 가득 차 있다
티슈를 제거 (Trimming)
티슈를 두껍게 한다
재질을 바꾼다
아줌마가 가득 채운다
유지 비용이 많이 든다
티슈를 많이 채우기 위해서
공간을 채우는 습관
Box의 공간을 크게 한다
*인과분석과 기능상호작용분석은 동시에 한다.
아줌마는 채우는 횟수를 줄이기 위해 습관적으로 많이 넣는다.

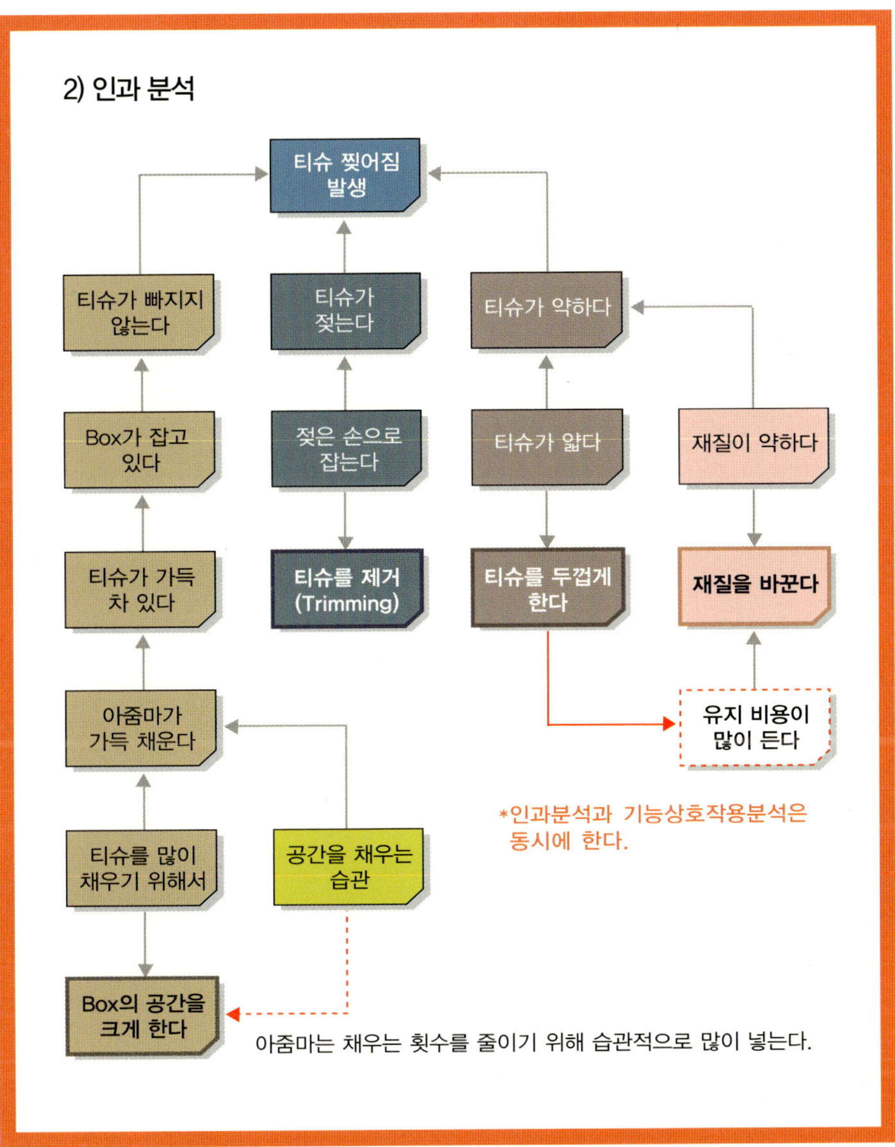

3) 시스템 기능 상호작용 분석

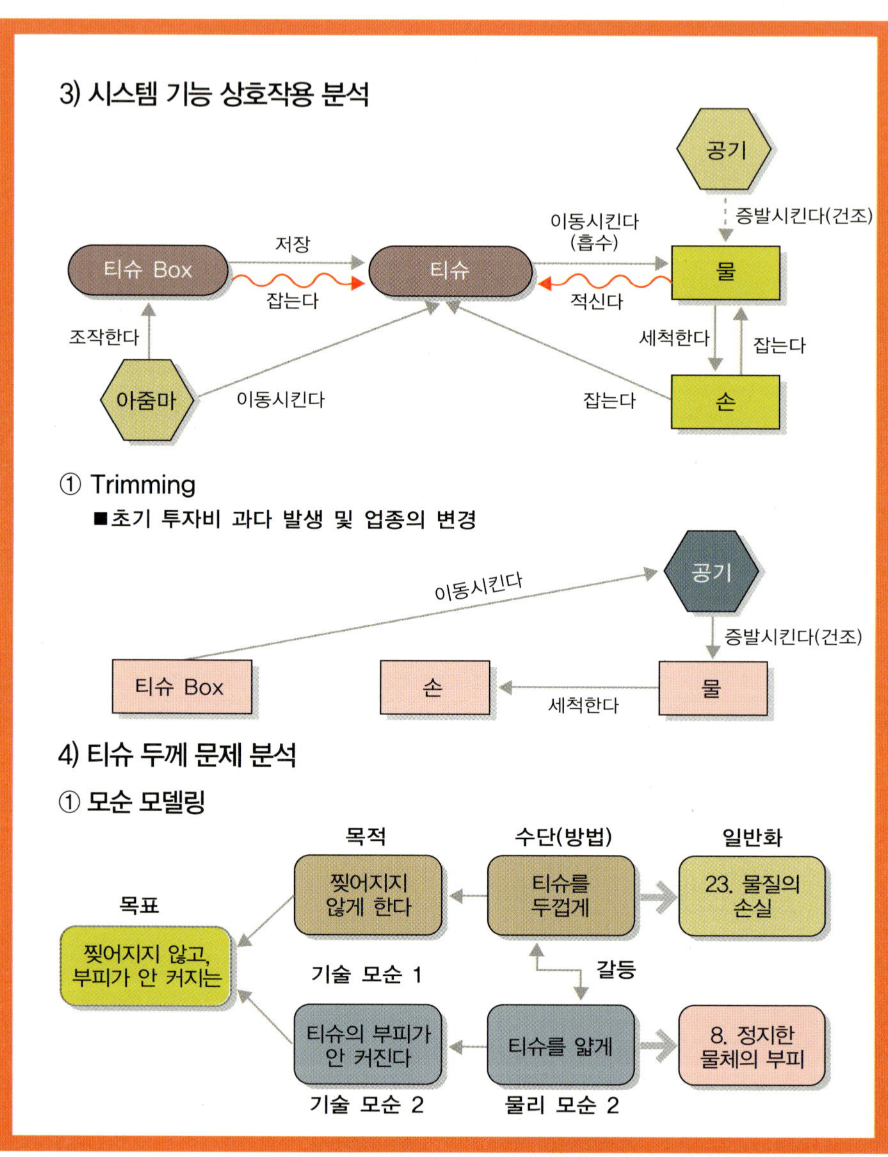

① Trimming

■초기 투자비 과다 발생 및 업종의 변경

4) 티슈 두께 문제 분석

① 모순 모델링

② 모순 선택 및 심화

➡ 화장실 손 티슈라는 기술 시스템의 기본 기능은 온전한 휴지의 공급이다. 온전한 휴지 공급에 가장 부합하는 기술모순1(TC 1)을 선택한다.

- TC 1 : 티슈가 찢어지지 않게 하기 위해 티슈를 두껍게 하면 부피가 커진다.
- 모순 심화 : 티슈의 두께가 아주 두껍다면?

③ 문제영역(OZ) 정의

티슈를 손으로 잡는 티슈 끝 부분

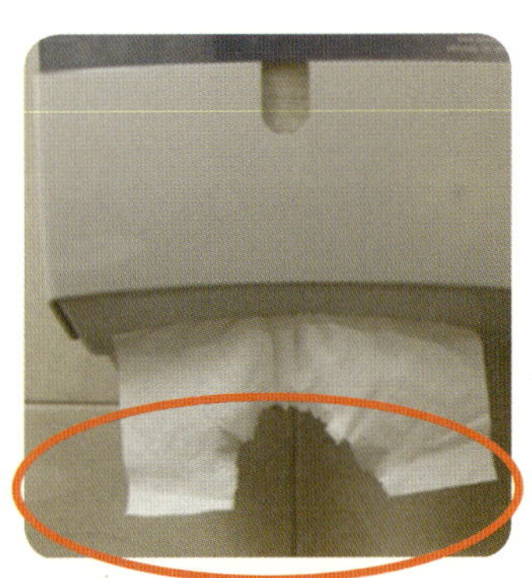

④ 문제시간(OT) 정의

티슈를 손으로 잡는 시간부터 휴지를 빼내기 직전 시간까지

⑤ 이상성(IFR) 정의

X-요소는 시스템을 복잡하게 하지 않고, 동시에 추가적인 유해작용 없이 티슈를 뽑는 시간(T1), 혹은 다음 뽑는 시간 전(T2)에 티슈가 젖어서 찢어지는 공간(OZ)에서, 티슈가 수행하던 온전한 휴지 공급이 나빠지는 것은 없으면서, 두꺼워서 비용 및 부피가 커지는 문제를 제거해야 한다.

5) 티슈 두께 문제해결 아이디어

① 기술적 모순 _ 모순행렬표, 40 발명원리

모순행렬표	악화되는 특성 8. 정지한 물체의 부피	아이디어
개선하려는 특성 23. 물질의 손실	3. 국부적 품질	원하는 위치만 재질을 바꾼다.
	39. 불활성 환경	–
	18. 기계적 진동	티슈가 쉽게 나오도록 진동을 사용
	31. 다공성 물질	–

② 물리적 모순 _ 4 분리원리

분리원리	아이디어
공간분리	잡는 곳은 두껍고 다른 곳은 얇게 한다.

6) Box 공간문제 분석

① 모순 모델링

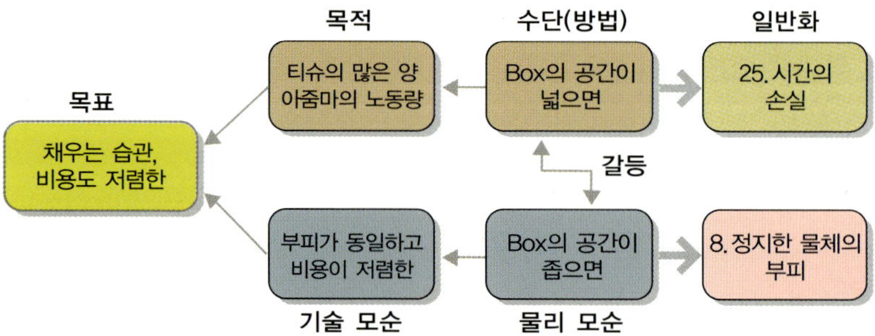

② 모순 선택 및 심화

➡ 화장실 티슈를 채우는 기술 시스템의 기본 기능은 티슈의 안정적 공급이다.

티슈의 안정적 공급에 가장 부합하는 기술모순1(TC 1)을 선택한다.

- TC 1 : 티슈의 안정적 공급과 아줌마의 노동량을 위해 티슈 Box의 공간을 넓게 하면 부피가 커진다.
- 모순 심화 : 티슈 Box의 공간이 아주 넓으면?

③ 문제영역(OZ) 정의

티슈 Box의 내부 공간

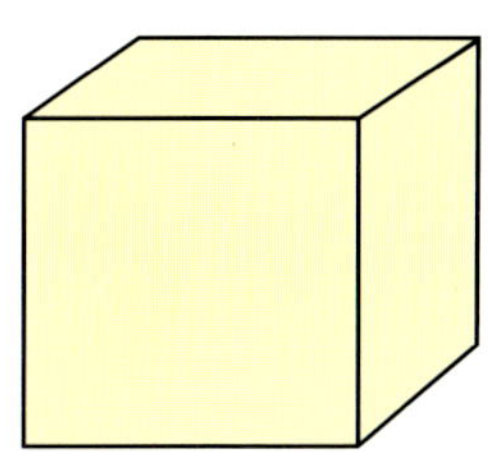

④ 문제시간(OT) 정의

티슈를 채우기 위해 티슈 Box를 만지는 순간부터 채운 이후까지

티슈를 빼낸다		티슈를 사용한다		티슈를 저장한다	
티슈를 잡는다	티슈를 당긴다	사용한다	폐기한다	Box 조작	티슈 보충
T2				T1	

7) 티슈 두께 문제해결 아이디어

① 기술적 모순 _ 모순행렬표, 40 발명원리

모순행렬표	악화되는 특성 8. 정지한 물체의 부피	아이디어
개선하려는 특성 25. 물질의 손실	35. 속성 변화	티슈를 공기로 대처 한다. (Trimming)
	16. 과부족	–
	32. 색변화	티슈를 채울 위치에 색 선을 표시한다.
	18. 기계적 진동	티슈를 많이 채우면 진동이 생긴다.

② 물리적 모순 _ 4 분리원리

분리원리	아이디어
시간분리	티슈를 채울 때는 공간이 좁고, 채우고 나면 넓게

3. 최종 해결 아이디어

• 티슈의 끝 부분만 두껍게 한다. → 티슈의 끝 부분만 접어져서 나온다.

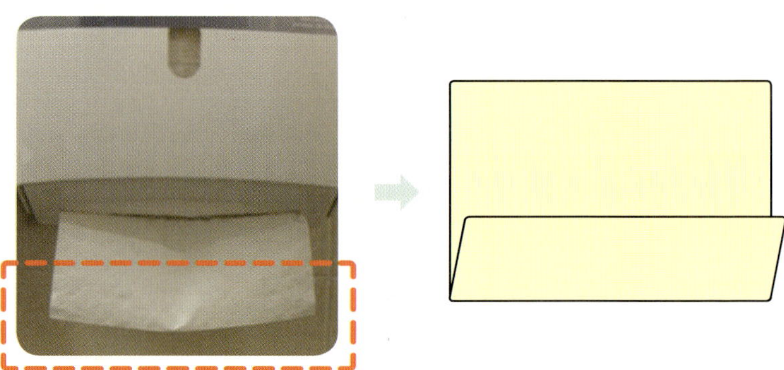

• 티슈를 채울 때는 공간이 좁고 채우고 나면 넓게 → 내부에 공간을 조절하는 기구 설치

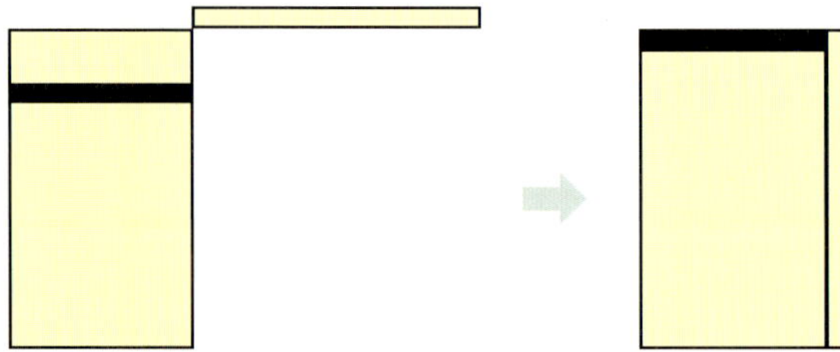

부록 2

선녀와 나무꾼,
현대인의 논리로 딴지걸기

데임즈 커뮤니케이션(주) 송싱용

웹컨설턴트
데임즈커뮤니케이션(주) 대표이사
㈜ 제주창의혁신센터 이사
한국콘텐츠진흥원(KOCCA) 평가위원

I. 이야기의 개요

나무꾼이 사냥꾼에게 쫓기는 노루를 숨겨 주었더니, 노루는 은혜의 보답으로 선녀들이 목욕하고 있는 곳을 일러 주며, 선녀의 날개옷을 감추고 아이를 셋 낳을 때까지 보여 주지 말라고 당부한다.

노루가 일러준 대로 선녀의 날개옷을 감추었더니 목욕이 끝난 다른 선녀들은 모두 하늘로 날아 돌아갔으나 날개옷을 도둑맞은 한 선녀만은 가지 못하게 되어 나무꾼은 그 선녀를 데려다 아내로 삼는다.

아이를 둘까지 낳고 살던 어느 날 나무꾼이 선녀에게 날개옷을 보여주자 선녀는 날개옷을 몰래 입고 아이들을 데리고 승천한다. 나무꾼이 노루를 찾아 다시 만날 수 있는 방법을 묻자 노루는 하늘에서 두레박으로 물을 길어 올릴 터이니 그것을 타고 하늘로 올라가면 선녀를 만날 수 있을 거라고 일러 준다.

노루가 일러준 대로 하늘에 올라간 나무꾼은 한동안 선녀와 행복하게 살았으나 지상의 어머니가 그리워져서 아내의 주선으로 용마를 타고 내려오는데, 이 때 아내는 남편에게 절대로 천마에서 내리지 말라고 당부한다.

지상의 어머니가 아들이 좋아하는 팥죽을 쑤어 먹이다가 뜨거운 죽을 말 등에 흘리는 바람에 천마는 놀라서 나무꾼을 땅에 떨어뜨린 채 그대로 승천한다. 지상에 떨어져 홀로 남은 나무꾼은 날마다 하늘을 쳐다보며 슬퍼하다가 죽었다. 그리고는 닭이 되어 지금도 지붕 위에 올라 하늘을 바라보며 울음을 운다는 것이다.

II. 노루의 본질 분석

모든 문제의 발단이자 스토리연계의 Function Point가 되는 노루, 그는 누구인가?

1. 노루가 인간의 말을 한다.

하늘을 나는 천마도 말을 못하는데 노루는 말을 한다.

2. 사냥꾼에게 쫓긴다.

어쩌면 이 사냥꾼의 '사냥'은 고기를 얻기 위해 하는 것이 아닐 수도 있다. 더구나 인간의 말도 하고 인간세상 및 하늘나라에 대한 상당한 지식을 갖고 있는 노루가 사냥꾼에게 쫓긴다는 것은 다른 이유가 있을 수도 있다.

3. 과연 노루가 초능력을 갖고 있을까?

본문을 검토해 보면 노루는 '인간을 능가하는 지성'과 '타 종족과 대화할 수 있는 초능력'을 갖고 있다. 그런 노루가 다른 누구와도 대화를 하지 않고 나무꾼과의 대화만을 허용하였다는 것은 다른 방향으로 생각해 볼 여지도 있다.

이 노루는 보통의 노루인데 '몹시 선한 본성을 가진', 혹은 '선택 받은 자'인 나무꾼만이 노루와 대화할 수 있는 초능력을 가질 수 있었던 것이다. 이런 커뮤니케이션 능력은 다른 설화에서 가끔 찾아볼 수 있다.

만약, 나무꾼만이 '짐승과의 대화능력'이 있다면 노루가 사냥꾼과 대화할 수 없으므로 그를 설득할 수는 없다. 이 상황에서의 또 다른 전제는 나무꾼은 노루와는 얘기하지만 다른 동물과는 얘기할 수 없고 오직 노루와 얘기하는 능력만 있는 것이다. 혹은 다른 동물과 얘기할 수는 있지만 다른 동물은 원래 지능이 낮아서 의사소통 능력이 없다. 이 상황이 되면 노루가 나무꾼을 찾은 것이 아니라 나무꾼이 노루를 찾아다녀야 한다.

4. 선녀의 비밀을 알고 있다.

노루는 선녀의 목욕탕이 어디인지 알고 있으며, 그들이 날개옷이 없으면 날지 못한다는 것도 알고 있다. 그러나 날개옷을 훔친 후 폐기하라는 언급은 하지 않았다. 사실 나무꾼을 위해서라면 날개옷을 훔친 후에 찢어버렸으면 선녀가 날아갈 수 있는 확률은 거의 없었을 텐데, 노루는 반드시 세 아이를 낳은 이후에 날개옷을 보여주라고 한다. 도대체 무슨 생각을 하는 것일까? 이 노루는….

5. 또 다른 비밀을 알고 있다.

하늘에서 내려오는 두레박에 대하여 알고 있다. 그것을 타면 천상에 갈 수 있다는 사실에 대하여 명확히 알고 있다.

III. 사후관리

용마를 잃고 슬퍼하는 나무꾼에게 더 이상의 솔루션을 제공하지 않는다. 나무꾼을 포기했거나 처음부터 계획적이었을지도 모른다. 노루는 인간을 초월한 지능을 갖고 있고, 협상 가능한 달변을 갖고 있는 것으로 판단되기 때문에 다음과 같은 의문을 갖지 않을 수 없다.

1. 왜, 사냥꾼을 설득하지 않았나?

자신을 쫓던 사냥꾼에게 날개옷에 관한 이야기 등을 미리 했다면 동서고금을 막론하고 '마초의 상징'인 사냥꾼이 거부했을 리가 없다. 또한 그날 밤 노루가 선녀가 목욕하고 있는 쪽으로 도망갔다면 선녀들이 무언가 또 다른 구명 조치를 해주었을 수도 있다.

2. 왜, 선녀와 나무꾼을 연결시켰나?

나무꾼에게 애인이 있을 수도 있고 이미 결혼한 사람일 수도 있었다. 그런데 굳이 선녀를 잡으라고 얘기해준 것은 이미 홀어머니를 모시고 사는 노총각인 것을 알고 있다는 얘기일 수도 있다. 즉, 노루 입장에서는 나무꾼이 초면이 아닌 것이다. 어쩌면 노루는 오랜 시간 동안 나무꾼을 지켜보고 있었을지도 모른다. '근처에 나무하는 노총각이 있는데, 사람이 참하더라고…'.

3. 왜, 두 번째 기회를 주었나?

선녀가 날개옷을 발견하고 승천한 후에 나무꾼이 찾아다닌 것인지, 노루가 일부러 나타난 것인지는 알 수 없으나 아무런 보상과 조건 없이 해결책을 주었다. 노루는 이 시점에서 나무꾼에게 연민을 느낀 것일까, 아니면 다른 목적이 있었던 것일까?

4. 왜, 세 번째 기회는 주지 않았을까?

용마에서 떨어져 하늘로 올라가지 못했을 때 나무꾼은 식음을 전폐하다 죽었다. 스토리 전개상 나무꾼이 다른 방법을 모색하지 않았을 리가 없고 노루도 그 사실을 알고 있었을 텐데, 세 번째 기회는 주지 않았다. 분명 연민을 느꼈을 텐데 말이다. 더 이상의 방법은 없었거나 방법을 알지만 더 이상 얘기해주지 않았을 것이다.

IV. 또 다른 의문

1. 선녀는 목욕을 어떻게 하나?

천상에는 목욕탕이 없다. 그래서 선녀는 날개옷을 입고 내려와 목욕을 하는데, 전에 나무꾼 건을 계기로 옥황상제가 지상의 목욕탕에 가는 것을 금지시켰다. 그래서 두레박으로 물을 길어 목욕하는데, 그것마저 나무꾼이 이용을 했고 그 다음은 언급이 없다. 천상에 수도를 놨을까? 아니면 이제 목욕을 하지 않는 것일까?

2. 그들의 결혼은 근본적으로 행복하지 않았다.

선녀는 날개옷이 없어 어쩔 수 없이 나무꾼과 살게 되지만 억울한 일이다. 알몸을 보였고 갈 곳이 없어, 옛 통념상 부부가 되기는 했지만 실질적인 강간으로 작용했을 확률이 높다.

아이를 둘이나 낳았는데 날개옷을 발견하자마자 그것을 입고 하늘로 도주한 것, 특히 혼자 간 것도 아니고 자식들을 데려간 점, 편지 한 통 없이 올라간 후에 남편과 소통할 어떠한 방법도 찾지 않은 점이 남편에게 정이 없다는 부분을 얘기해 준다. 대부분의 설화에서는 아내가 잡혀가거나 불가항력에 의해 헤어지게 될 경우 반드시 단서를 남겨(옷조각이라던가 나뭇가지를 꺾는다거나) 남편이 찾을 수 있게 해주는데, 선녀가 나무꾼에 대한 정이 없다는 것을 단적으로 말해준다. 또한 하늘로 올라가서 남편과 다시 재회하고, 노모를 그리워하는 남편을 다시 내려 보내지만 여기서 모순이 있다.

  1) 선녀는 시어머니를 두레박으로 데려올 수 있었다.

  2) 선녀는 시어머니를 용마에 태워 데려올 수 있었다.

  3) 용마에서 떨어졌지만 선녀가 다시 용마를 보낼 수도 있었다.

즉, 선녀는 고부간의 갈등이 있었을 확률이 높고, 다시 용마를 보내지 않은 것으로 봐서 남편과 두 번 다시 재회할 생각이 없었던 것이다.

이 이야기의 조금 더 디테일한 버전이 있는데 그것은 다음과 같다.

옥황상제가 선녀의 아버지인데 전체 이야기의 룰에 관여를 한다.

선녀들은 옥황상제(아버지) 몰래 목욕을 하던 것이고, 문제의 선녀만 지상에 남게 되어 다른 선녀들은 호된 꾸중을 듣게 된다. 그 이후 지상에 내려가는 것은 금지되고 물을 길어서 목욕하게 되는데, 나무꾼이 올라오자 옥황상제는 나무꾼을 사위로 인정하여 천상 생활을 허락한다.

이것은 현대의 시민권(국적)과도 비슷한 맥락이 있는데, 내국인과 결혼할 때 자식과 본인에 한해서는 시민권을 부여하나 부모(나무꾼의 어머니)에게는 해당되지 않는다.

그러나 이민 생활 중 가족을 그리워하여 예외적으로 특별기(천마)를 준비하는데, 이 특별기는 1회 왕복권이 제공되며, 특별기를 타지 못할 경우 천상과 지상 세계와의 별도 노선은 존재하지 않으므로 더 이상 입국할 수 없다.

이 부분에서 옥황상제가 어렵게 사위로 인정했고 특별히 지상에 내려 보내줬지만 그 이상은 허용하지 않았으므로 사위에 대해 불만이 있었던 것이 확실하다. 즉, 시어머니와 선녀의 사이가 좋지 않았고, 사위와 장인의 사이가 좋지 않았으며, 선녀는 남편에 대한 정이 극히 적었던 것으로 판단된다. 애초에 절도와 사기, 강간, 무단침입 등으로 점철된 결혼생활이었기에 선녀는 남편을 더 이상 신용할 수 없었으며, 또한 노모의 시집살이와 가난한 오막살이가 지겨웠을 것이다.

3. 환생 혹은 변신

노루가 말도 하고 인간을 초월한 지능을 갖췄던 부분을 인정한다고 치고, 마지막에 나무꾼은 죽어서 닭으로 환생한다.

닭은 하늘을 보고 아내를 그리워하며 매일 울기 때문에 아직까지 인간의 지성과 감정이 남아있다고 생각할 수 있다.

즉, 이 민담의 세계관에서는 사람과 동물 간에 변신, 혹은 환생이 가능한 것이고 그 지식을 공유할 수 있다. 그렇다면 노루 역시 전생에 사람이었을 가능성도 있다. 전생에 사람이었지만 천상의 지식을 많이 알고 있으므로 천상인(선녀

혹은 그 외 하늘남자)이 환생했을 수도 있다.

만약 노루가 전생에 천상인 이었다면 자신의 목숨을 살려준 나무꾼이 너무 고마워서 하늘로 갈 수 있는 방법을 두 번이나 알려줬으나 멍청하게 그 기회를 잃어버렸으니 '이래서 인간은 안 되는구나!'라고 생각했을 수도 있을 것이다. 그래서 세 번째 기회를 주지 않았던 것이다.

혹은 원하는 대로 환생이 가능하다면 닭보다는 독수리 등의 새로 변신해서 보다 하늘에 가까워질 수 있지 않았을까? 해바라기나 수탉같이 하늘을 향하는 존재에 그리움이라는 명제로 귀납적 스토리를 억지로 끼워 맞춘 감이 있기는 하지만 어쨌든 너무도 그리워했기에 닭으로 환생했을지도 모르는 일이다.

V. 결론

위의 의문들은 억지스러운 음모론이 아니라 민담을 읽으며 누구나 한번쯤 드는 의문이기도 하고, 어린아이들도 이런 질문을 던지기도 한다. 설화나 신화들이 현대인의 논리로 이해하기에 명확하지 않은 부분들이 분명히 존재하기 때문이다. 대다수의 인류가 진리로 생각하고 있는 성서(Bible)를 현대인의 논리로 입증하려는 학자들도 많고, 또한 그 논리에 맞지 않는 부분들도 상당수 있다.

이 장에서 말하고자 하는 것은 민담의 논리적인 오류를 찾자는 것이 아니라 우리가 어릴 때부터 들어서 별다른 의심 없이, 그러려니 하고 받아들였던 설화를 다른 각도에서 해석하고 긍정적인 의미의 의문을 가질 수 있다는 점이다.

이러한 연습이 지속되면 또 다른 현상에서의 창의적인 의문을 손쉽게 만들 수 있고, 문제해결에 있어 가장 중요한 "문제점 파악 및 분석"에 대한 실습이 저절로 될 수 있으리라 생각한다.

트리즈 배우기,
어디에서 시작할까요?

(사) 한국트리즈협회

한국트리즈협회(회장 김만수)는 2002년에 설린된 국내 트리즈 대표 공공기관으로서 국내 트리즈의 발전과 저변확대를 위한 노력을 기울이고 있으며, 트리즈 교육과 전문가 양성을 통해서 트리즈의 가치를 널리 알리는데 목적을 두고 있다.

협회 지원으로 트리즈연구회를 운영하고 있으며, 연중 상시로 비즈니스 트리즈 교육, 한국트리즈협회 1수준, 2수준 교육 등을 진행한다.

국제트리즈협회(MATRIZ)와 업무협약에 의해 당협회에서 "한국트리즈협회 트리즈전문가" 인증을 실시하고 있다.

- 홈페이지 : www.triz.or.kr
- 주소 : 서울시 강남구 논현동 88-5번지 이룸빌딩 502호
- 전화 : 02-3442-5526

(사) 한국트리즈학회

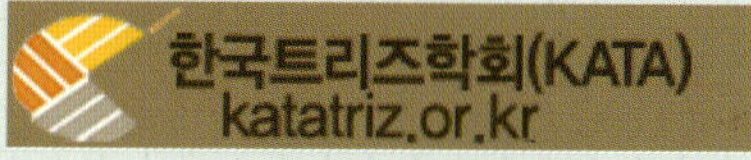

한국트리즈학회(회장 김세현)는 기술의 복잡화, 융합화, 대형화, 기술 수명 주기의 축소 등으로 창의적 문제해결 방법에 대한 관심이 더 높아짐에 따라 트리즈를 널리 보급하고 연구·개발을 활발하게 하기 위해 2010년 5월에 설립되었다.

한국트리즈학회는 매년 상반기에 '글로벌 TRIZ컨퍼런스', 하반기에는 국내 중심의 '코리아 TRIZ페스티벌'을 성황리에 개최하고 있고, TRIZ논문집 발간, TRIZ Forum 및 대학/중·고등학교 창의교육 지원, 중소기업 지원 등의 활동을 활발히 전개하고 있다.

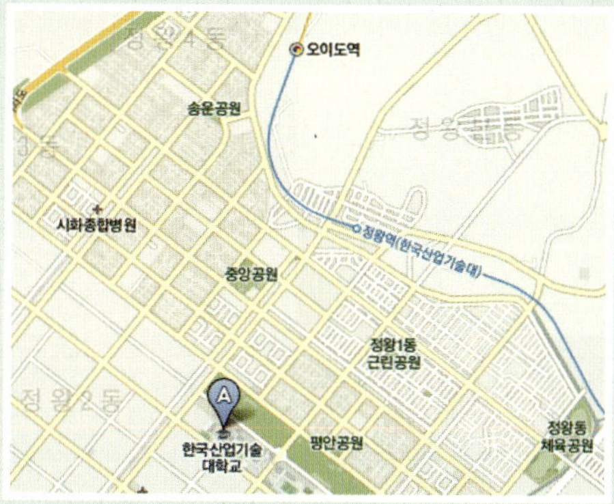

– 홈페이지 : www.katatriz.or.kr
– 주소 : 경기도 시흥시 정왕동 2121 한국산업기술대학교 B동 223호
– 전화 : 031-8041-0426 / 팩스 : 031-8041-0439

한국표준협회(KSA)

KSA 한국표준협회

한국표준협회는 1962년 산업표준화법 제32조에 따라 산업표준화 및 품질경영의 조사, 연구, 개발 및 보급 촉진으로 설립된 KS·ISO인증 및 KS교육기관이다.

한국표준협회는 산업표준화와 품질경영에 관한 조사, 연구, 교육훈련, KS, ISO인증, 진흥, 행사, 국제협력 등을 진행하는데, 개발설계 과정에 창의력/트리즈 교육을 실시하고 있다.

현재 진행되는 트리즈 교육은 트리즈(TRIZ) 기본(MATRIZ Level-1 취득과정), 트리즈(TRIZ) 추진자(MATRIZ Level-2 취득과정), 트리즈(TRIZ) 전문가(MATRIZ Level-3 취득과정) 등이 있다.

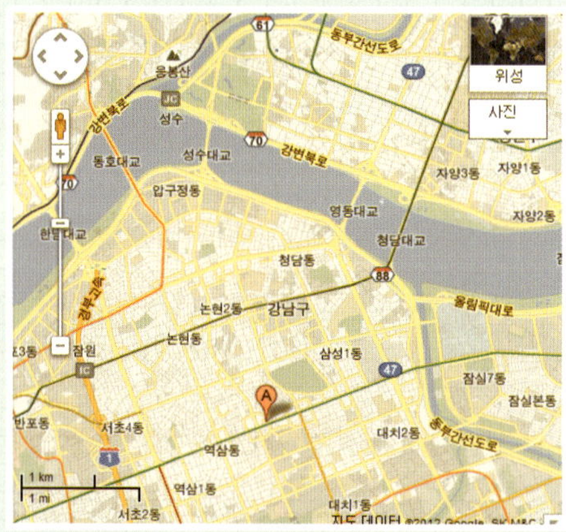

- 홈페이지 : www.ksa.or.kr
- 주소 : 서울특별시 강남구 역삼동 701-7
- 문의 : 생산혁신팀, 김태현, 주임연구원, thkim@ksa.or.kr
- 전화 : 02-2624-0183

한국능률협회컨설팅(KMAC)

KMAC는 1989년 순수 민간주도로 설립된 진단평가 기반의 경영컨설팅 전문기관으로 리서치, 교육·연수, 컨퍼런스 등 다양한 지식서비스를 제공한다.

전략, 인사조직, 경영품질, SCM, CS경영 등 다양한 사내교육/연수 서비스를 제공하며, 기술경영분야에서 트리즈 교육을 실시하고 있다.

현재 진행되는 트리즈 교육은 비즈니스 트리즈, 트리즈 기초, L1-국제공인 TRIZ 전문가 인증과정(Level 1), L2-국제공인 TRIZ 전문가 양성과정(Level 2), Goldfire를 활용한 문제해결 실습과정 등이 있다.

- 홈페이지 : www.kmac.co.kr
- 주소 : 서울특별시 영등포구 여의도동 12번지 CCMM 빌딩 8층
- 문의 : 민지경 치프컨설턴트, jackymin@kmac.co.kr
- 전화 : 02-3786-0731

청소년 트리즈 아카데미

융합(STEAM)인재 양성을 위한
청소년 트리즈 아카데미
TRIZ YOUTH ACADEMY

『청소년 트리즈 아카데미』는 트리즈를 활용한 청소년 창의교육을 위해 ㈜크리코리아가 설립한 교육기관으로서 『청소년과 교사를 위한 트리즈 창의교육 교재 개발과 교육 활동』에 집중하고 있다.

트리즈의 핵심적인 개념을 쉽게 배우고, 반복하여 익힐 수 있도록 설계한 『청소년 트리즈 창의교육 모형』은 관찰, 상상, 해결 및 소통의 네 가지 모듈로 이루어져 있다.

2012년 한국과학창의재단의 후원을 받아 한국산업기술대학교와 공동으로 추진중인 『과학융합 창의인재양성 프로젝트』를 통해 전국적인 보급활동에 전념하고 있다.

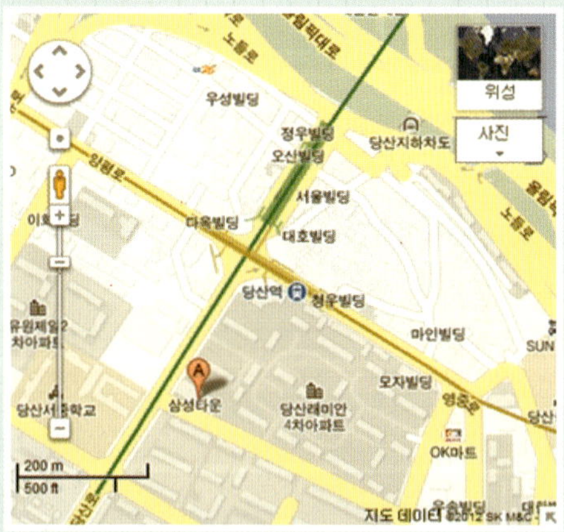

- 다음카페 : 청소년 트리즈 아카데미(http://cafe.daum.net/crekorea.com)
- 주소 : 서울특별시 영등포구 당산로44길 3 삼성타운 706호
- 문의 : 이종윤 대표, crekorea@crekorea.com
- 전화 : 010-9342-9078, 02-2671-7890

트리즈센터

트리즈센터는 OTSM(강력한 사고를 위한 일반이론) 전문가인 윤홍열 대표가 운영하는 트리즈 교육 인증 컨설팅 기관이다.

체계적 문제해결 기법인 TRIZ연구 및 활용을 통하여 고객의 창의력 도약, 고객의 문제해결 능력의 체계적 개발, 고객의 문제 해결을 통한 신기술 창출, 신제품, 신공정, 새로운 서비스 도출 등에 기여한다는 미션으로 프로젝트 서비스와 트레이닝 서비스를 제공한다.

Biz-Triz, Triz 입문/심화/응용 등의 주제로 트리즈 교육을 진행하며, 자체적으로 국제 TRIZ 협회(MATRIZ)의 인증권한(MATRIZ Level 1~3 인증)을 보유하고 있어서 교육이수 후 인증을 병행할 수 있다.

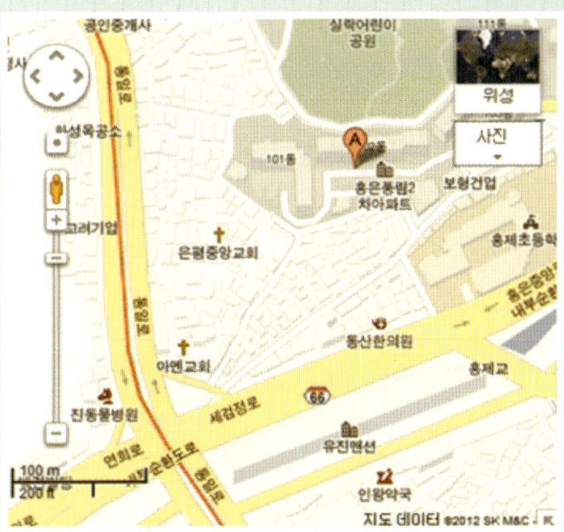

– 홈페이지 : www.trizcenter.co.kr
– 주소 : 서울특별시 서대문구 홍은동 453-2 풍림 2차 APT 102-104
– 문의 : 윤홍열 대표, hongyul@trizcenter.co.kr
– 전화 : 019-288-2746

(주) GEN3 KOREA 이노베이션컨설팅

GEN3 KOREA 이노베이션 컨설팅은 세계적인 트리즈 컨설팅 업체 젠스리(GEN3) 파트너스의 한국 파트너로 자체적인 트리즈 교육, 컨설팅 및 고객의 문제를 수주받아 솔루션을 제공하는 오픈 이노베이션 서비스를 제공한다. GEN3 Partners의 이노베이션 방법론(G3:ID)과 로드맵에 따라 프로젝트를 수행하며, 그에 대한 교육을 실시하고 있다.

트리즈 교육과 관련해서는 한국에서 가장 오래 근무한 삼성그룹 출신의 러시아 트리즈 전문가인 바실리레니아신 트리즈 마스터(MATRIZ Level 5)와 유리다닐로브스키 박사(MATRIZ Level 5)가 직접 TRIZ 초·중급 교육과정 (국제인증 1, 2수준), TRIZ 고급 교육과정(국제인증 3수준) 강의 및 과제를 코칭, 지도하여 국제트리즈협회(MATRIZ) 레벨 인증까지 지원하고 있다.

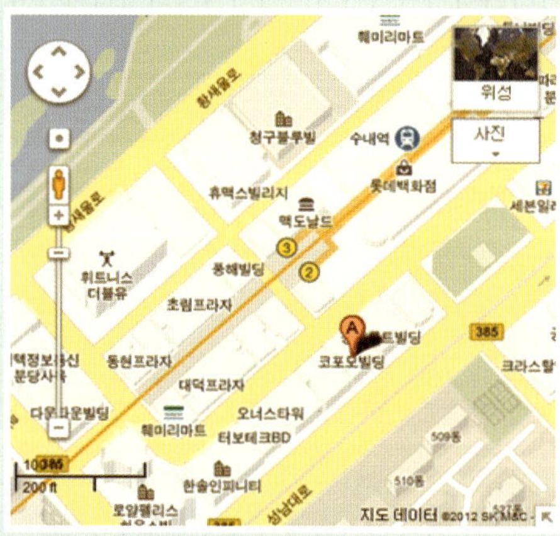

- 홈페이지 : www.gen3.co.kr
- 주소 : 경기도 성남시 분당구 수내동 16-3 코포모 타워 5층
- 문의 : 정규진 상무, info@gen3.co.kr
- 전화 : 010-2224-9900, 031-731-0051 / 팩스 : 031-713-0052

킴스트리즈

킴스트리즈는 한국형 트리즈로 평가받는 6단계 창의성(6SC)을 개발한 실용트리즈 연구가 김호종 박사가 운영하는 트리즈 컨설팅, 교육 기관이다.

킴스트리즈는 실용트리즈 및 문제해결 강의, 기업·현업 고질문제해결 컨설팅에 집중하여 기업, 정부기관, 대학 등에서 600여 회 실용트리즈 교육 및 컨설팅을 수행하였으며, 100여 개 이상의 현업 고질문제를 해결하여 적용해 준 바 있다.

특히 연세대, 한양대 등 대학에서 실용트리즈 교육을 5년째 이어 오고 있어 트리즈 저변 확대에 기여하고 있다.

- 홈페이지 : www.kimstriz.co.kr
- 주소 : 경기도 용인시 수지구 동천동 873-4번지 에덴파크 402호
- 문의 : 김호종 박사, hjkim@kimstriz.co.kr
- 전화 : 010-2244-4331, 031-276-5546 / 팩스 : 031-276-5546

2012년도 트리즈 분야 베스트 셀러인 "생각이 열리는 나무 트리즈마인드맵"으로 유명한 트리즈마인드맵은 독특하게 트리즈와 마인드맵을 융합시켜, 생각의 무한한 발상을 마인드맵으로 이끌어내면서 동시에 해결책을 향한 방향성을 잃지 않도록 트리즈를 이용해 수렴시키는 방법론을 개발했다.

중소기업을 위한 트리즈 교육과 창의력 개발을 위한 학생교육 프로그램을 다수 진행하고 있다. 특히 쉬운 트리즈 교육을 지향하여 트리즈 1수준 교육도 특화하고 있으며, 40가지 발명원리 키트를 개발하여 좋은 호응을 얻고 있다.

- 홈페이지 : www.trizmindmap.com
- 주소 : 울산광역시 중구 다전로 385 울산테크노파크 기술혁신A동 3023호
- 문의 : 오경철 대표, oh1114@hanmail.net
- 전화 : 052-247-8768 / 팩스 : 052-211-3126

㈜제주창의혁신센터

제주창의혁신센터는 혁신, 창조, 동기부여의 3가지 중심가치를 통해서 창의 혁신 인재 양성을 목적으로 두고 있다. 트리즈를 중심으로 혁신도구와 창조이론을 활용해 교육훈련을 진행한다.

트리즈 컨설팅, 특허 컨설팅, 웹 컨설팅 등 창의혁신 컨설팅 업무와 트리즈 교육에 집중하여 온-오프라인에서 트리즈 정보, 교육, 훈련, 토론을 할 수 있는 통합 웹 플랫폼을 운영 중에 있다.

특히 제주창의혁신센터의 트리즈교육은 천혜의 공간인 제주의 특성을 활용해 몰입교육, 창조교육을 위해 주로 합숙교육으로 진행 중이다.

- 홈페이지 : www.jejucic.com
- 주소 : 제주특별자치도 제주시 이도2동 1768-22, 4층
- 문의 : 김형직 대표, hgkim4047@gmail.com
- 전화 : 064-759-8993 / 팩스 : 064-759-9300

부록 4

트리즈 자료

- 그림으로 배우는 40가지 발명원리
- 기술모순 매트릭스
- 비즈니스트리즈 매트릭스

TRIZ
원리40
1. 분할 (Segmentation)
◆적용사례◆
- 버스에서 내리는 문과 타는 문을 달리한다.
- 스피커를 분리하여 좌우, 우퍼로 기능을 분리.
커텐을 분리하여
블라인드를 만든다.
트리즈 마인드맵

TRIZ
원리40
2. 추출 (Extraction)
깜짝이야!!
탕
탕
탕
새쫓는 소리
◆적용사례◆
- 전투력이 높은 병사들만 선별하여 특공대를 만든다.
- 원유를 정제하여 휘발유와 경유를 추출한다.
트리즈 마인드맵

TRIZ 원리40
3. 국부적 품질 (Local Quality)
◆ 적용사례 ◆
- 문에 구멍을 뚫어 밖을 볼 수 있는 감시창
- 가방의 바닥을 보강한 노트북 캐리어
소변금지
트리즈 마인드맵

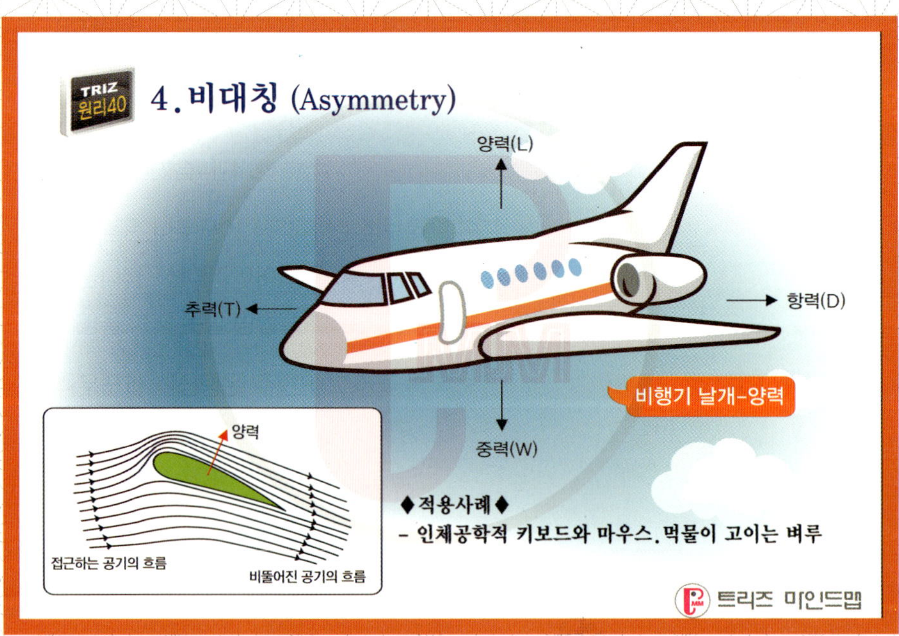

TRIZ 원리40
4. 비대칭 (Asymmetry)
양력(L)
추력(T)
항력(D)
중력(W)
비행기 날개-양력
양력
접근하는 공기의 흐름
비뚤어진 공기의 흐름
◆ 적용사례 ◆
- 인체공학적 키보드와 마우스.먹물이 고이는 벼루
트리즈 마인드맵

TRIZ 원리40
5. 통합 (Consolidation)
4색볼펜
◆ 적용사례 ◆
- 스팀청소기와 진공청소기의 결합
- 원시와 근시를 동시에 교정하는 다초점 렌즈
  (작용공간의 통합)
트리즈 마인드맵

TRIZ 원리40
6. 다용도 (Multifunction)
12:00
◆ 적용사례 ◆
- 복합기 : 전화+팩스+프린터+복사기
- 비행기 날개의 빈공간을 연료탱크
트리즈 마인드맵

TRIZ 원리40
7. 포개기 (Nesting)
◆ 적용사례 ◆
- 서로 포개어 쌓아 놓을 수 있는 의자
- 대형할인마트의 쇼핑용카트
Matryoshka
트리즈 마인드맵

TRIZ 원리40
8. 공중부양 / 균형추 (Counterweight)
◆ 적용사례 ◆
- 호버크래프트
- 자기부상열차
애드벌룬
EVENT
트리즈 마인드맵

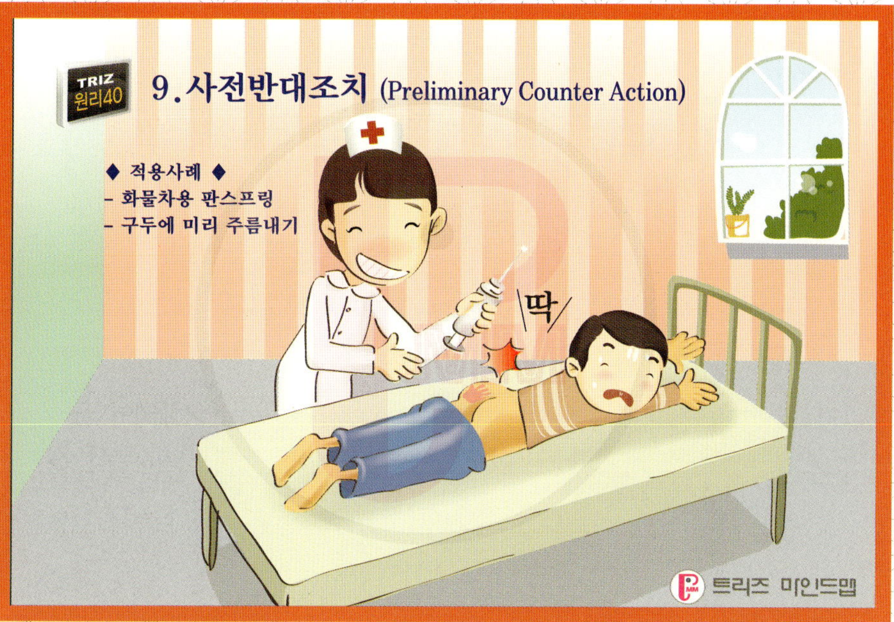

TRIZ 원리40
9. 사전반대조치 (Preliminary Counter Action)
◆ 적용사례 ◆
– 화물차용 판스프링
– 구두에 미리 주름내기
딱
트리즈 마인드맵

TRIZ 원리40
10. 사전조치 (Preliminary Action)
소금
SALT
◆ 적용사례 ◆
– 커터칼의 홈집
– 정리정돈 잘하기
트리즈 마인드맵

TRIZ 원리40
11. 사전예방조치 (Preliminary Compensation)
알람시계
get up
get up
◆ 적용사례 ◆
- 권총 소음기, 예방접종
- 운동경기(특히 격투기)시 의료진 및 구급차 대기
트리즈 마인드맵

TRIZ 원리40
12. 굴리기/높이맞추기 (Equipotentiality)
눈높이를 낮추어
주문을 받는 레스토랑
◆ 적용사례 ◆
- 사람이 오르기 쉽도록 차높이가 내려오는 저상버스
- 눈높이 교육. 파나마 운하
트리즈 마인드맵

13. 거꾸로 하기 (Do it Reverse)
음식이 사람을 찾아가는
회전 초밥
◆ 적용사례 ◆
- 모래를 회전시켜 가공하는 선반작업
- 역발상전략(고가마케팅)
트리즈 마인드맵

14. 곡선화, 구형화 (Curvature Increase)
◆ 적용사례 ◆
- 유체나 기체 보관을 위한 원형 탱크
- 동그란 맨홀 뚜껑
권위주의 타파를
위한 원탁회의
트리즈 마인드맵

TRIZ
원리40
15. 자유도 증가 (Dymamicity)
구부러지는 빨대
◆ 적용사례 ◆
- 굴절버스, 트레일러
- 접는 침대. 접는 키보드
트리즈 마인드맵

TRIZ
원리40
16.초과나 부족 (Excess,Shortage)
◆ 적용사례 ◆
- 컵의 물을 80%만 담는다.
- 3억개의 알을 낳아 1~2마리만 살아남는 개복치
트리즈 마인드맵

TRIZ 원리40
17. 차원변경 (Dimension Change)
거울로 뒤통수 보기
◆ 적용사례 ◆
- 3D 입체영화
- 입체그림책, 아파트
트리즈 마인드맵

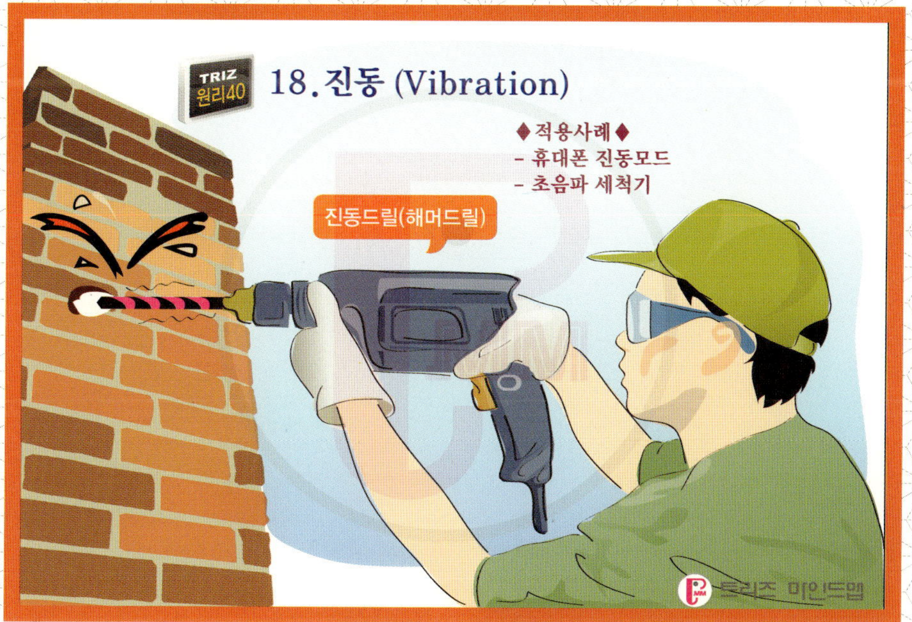

TRIZ 원리40
18. 진동 (Vibration)
◆적용사례◆
- 휴대폰 진동모드
- 초음파 세척기
진동드릴(해머드릴)
트리즈 마인드맵

19. 주기적 작용 (Periodic Action)

20. 유용한 작용의 지속 (Continuity Of Useful Action)

TRIZ 원리40
21. 급히 통과 (Rushing Through)
톡
흰머리 뽑기
◆ 적용사례 ◆
- 우유의 고속 살균법
- 슬픈 기억은 빨리 잊자
트리즈 마인드맵

TRIZ 원리40
22. 전화위복 (Convert Harmful To Useful)
유전화재를 진화하기 위해
폭탄을 사용한다
폭탄
◆ 적용사례 ◆
- 노이즈 켄슬링 이어폰
- 과속차량을 잡기위해 과속하는 경찰차
트리즈 마인드맵

23. 피드백 (Feedback)

◆적용사례◆
- 자동점멸 가로등
- 색깔이 변하는 선글라스

트리즈 마인드맵

24. 중간매개물 (Intermediate)

◆적용사례◆
- 볼트의 풀림방지를 위한 와셔
- 서버의 전원 공급용 UPS

트리즈 마인드맵

TRIZ
원리40
25. 셀프서비스 (Self-Service)
자동문
◆ 적용사례 ◆
- 고급승용차의 자동주차 시스템
- 펑크방지용 타이어
트리즈 마인드맵

TRIZ
원리40
26. 복사 (Copy)
◆적용사례◆
- 화상회의, 동영상 강의
- 적외선카메라, 열감지 카메라
대리만족을 위한 수집용 미니어쳐
트리즈 마인드맵

TRIZ
원리40
27.값싸고 짧은 수명 (Cheap Short Life) 일회용
◆ 적용사례 ◆
- 일회용 소유즈 우주선
- 자동차 에어백
트리즈 마인드맵

TRIZ
원리40
28.기계 시스템의 대체 (Replacing Mechenical System)
◆ 적용사례 ◆
- 가스 누출을 알리기 위해 지독한 냄새 물질을
  가스에 첨가한다.
- 타이어 마모 한계선
Credit card
INTERNATIONAL
4321 1234 5678
트리즈 마인드맵

29. 공기 및 유압 사용 (Pneumatics & Hydraulics System)

30. 유연한 막과 얇은 필름 (Flexible Membranes & Thin Film)

TRIZ 원리40
31. 다공성 물질 (Porous Material)
◆ 적용사례 ◆
- 극세사 걸레 및 청소블럭
- 물은 차단하고 증기는 통과시키는 고어텍스
트리즈 마인드맵

TRIZ 원리40
32. 색깔 변화 (Changing Color)
◆ 적용사례 ◆
- 형광펜
- 선그라스는 반투명도를 변화시킨다.
트리즈 마인드맵

TRIZ 원리40 33. 동질성 (Homogeneity)

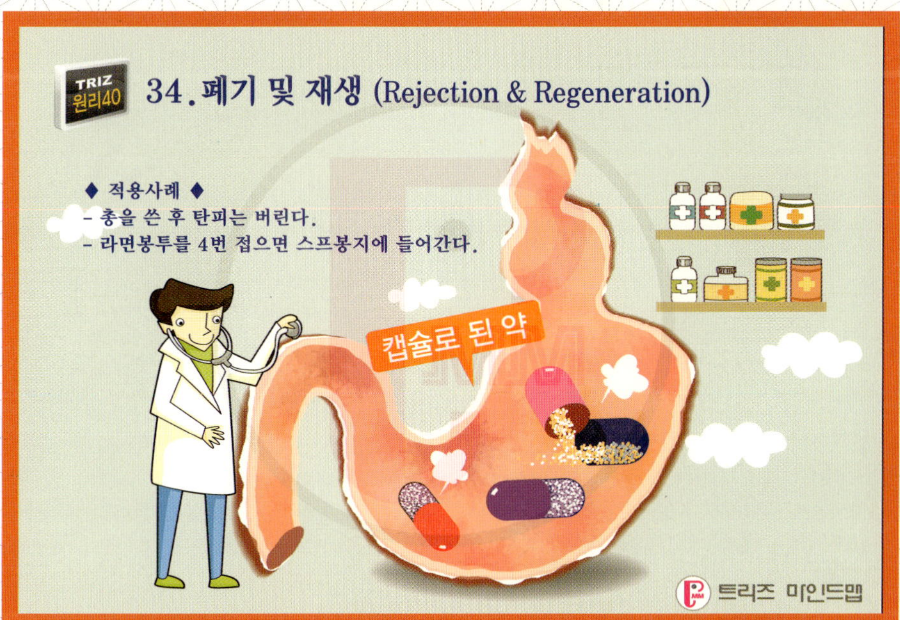

TRIZ 원리40 34. 폐기 및 재생 (Rejection & Regeneration)

TRIZ 원리40
35. 속성변화 (Parameter change)
◆ 적용사례 ◆
- 액화산소, 액화수소
- 전자책, 전자문서
트리즈 마인드맵

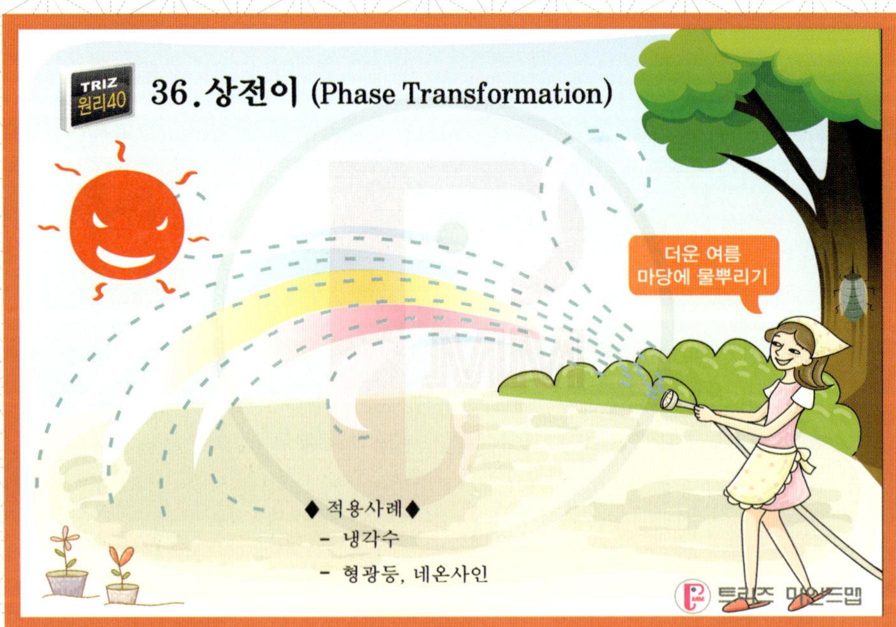

TRIZ 원리40
36. 상전이 (Phase Transformation)
더운 여름
마당에 물뿌리기
◆ 적용사례 ◆
- 냉각수
- 형광등, 네온사인
트리즈 마인드맵

TRIZ 원리40
37. 열팽창 (Thermal Expansion)
삐삐
◆ 적용사례 ◆
- 바이메탈 원리를 이용한 깜빡이 등
- 나무가 팽창하는 성질을 이용하여 바위깨기
트리즈 마인드맵

TRIZ 원리40
38. 산화가속 (Accelerated Oxidation)
◆ 적용사례 ◆
- 산소용접기
- 오존을 이용한 공기정화
산소공급기
트리즈 마인드맵

TRIZ 원리40
39.불활성 환경 (Inert Environment)
동면하는 곰
◆적용사례◆ - 초저온탱크의 외부는 진공상태로 만든다.
- 물이 끓어 넘칠때, 찬물을 약간 부어준다.
트리즈 마인드맵

TRIZ 원리40
40.복합재료 (Composite Material)
◆적용사례◆
- 섬유, 고무, 직물, 철사를 결합시킨 타이어 코드
- 모래, 자갈, 시멘트를 섞은 콘크리트
트리즈 마인드맵

참고 문헌

1. 김익철, "지혜로움의 비밀", MJ미디어, 2012

2. 김익철, "발명특허의 정석", 2001

3. G.S. Altshuller, "ARIZ 85C Manual", 1985

4. 김호종, "실용트리즈의 창의성과학", 두양사, 2007

5. 박성균역, "이노베이션알고리즘", 인터비전, 2006.

6. 한국트리즈협회, "비즈니스트리즈", 교보문고, 2009

7. 정찬근, 정다혜, 이경원, "TRIZ 100배 활용하기", MJ미디어, 2010

8. 김효준, "생각의 창의성 TRIZ", 도서출판 지혜, 2004

9. 김효준, "창의성의 또다른 이름 트리즈", 인피니티북스, 2009

10. 오경철, 안세훈, "생각이 열리는 나무 트리즈마인드맵", 성안당, 2012

11. 선녀와 나무꾼 이야기, 이수라, 디지털남원문화대전(남원시)

12. 나무꾼과 선녀설화, "한국현대문학대사전", 권영민, 2004, 서울대학교출판부

13. 나무꾼과 선녀, "국어국문학자료사전", 이응백 · 김원경 · 김선풍 교수 감수, 1998, 한국사전연구사

14. DL Mann, Root Cause Analysis Paralysis, "TRIZ Journal", May, 2002

15. Duke Okes, "Root Cause Analysis", ASQ, 2012

16. Valeri Souchkov, "Root Conflict Analysis (RCA+): Structured Problems and Contradictions Mapping, TRIZ Journal", January 11, 2005

트리즈 노리터는 2022년 한국의 트리즈를 선도할 "TRIZ NEXT GENERATION"을 표방하여 2011년 10월에 설립된 트리즈 연구회이다.

1996년 한국에 트리즈가 도입된 이후 1세대 전문가들에 의해 이론 국산화, 활용영역 확대, 한국트리즈협회/학회 조직 설립, 각종 컨퍼런스 및 포럼 개최, 순천제일대학 트리즈센터 설립 등 양적 질적으로 많은 발전을 이루었다. 그러나 1세대 전문가들이 대부분 50대로 2022년 시점이면 노령화가 예상된다. 따라서 트리즈 활성화를 위해서는 젊은 사람들의 의견과 활동이 필수적이고, 이를 만들어낼 수 있는 기반이 필요하다는 인식으로 30대와 40대의 차세대 전문가를 주축으로 차세대 TRIZ 모임으로 발족되었다.

트리즈 노리터는 한국트리즈협회 김익철전회장 및 김호종박사의 자문하에 2세대 트리즈 전문가로 왕성하게 활동하는 10여명이 2011년 11월 29일 대전 미팅에서 출범하였 

다. 모임 명칭은 '트리즈를 통해 즐거움을 함께 느끼는 곳'이란 의미에서 우리말 놀이터의 소리나는 표현인 '트리즈 노리터'로 표기하였으며, 트리즈에 대한 학문적 접근뿐만 아니라 자신들이 느낀 트리즈가 주는 즐거움을 공유하고자 제주, 울산, 청주, 이천, 인천, 서울 등 여러 지역에서 활동하는 트리즈 전문가들이 모여 매월 월례모임을 가지며, 차세대 트리즈 발전을 위한 연구회 활동을 계속하고 있다.

특히 2012년 2월 25일 제주도에서 실시한 트리즈 노리터 공개세미나는 트리즈를 통한 공유와 즐거움의 시도로 올레 온에어를 통해 세미나 현장을 생중계하고, 페이스북 그룹을 통해 공유되었다.

"트리즈로 풀어본 인담" 공동저자 및 감수자 일동

뒷줄 왼쪽부터 이상운대표, 김형직대표, 송성용대표, 오동석명장, 김영민대표, 김성환책임, 오경철대표
앞줄 왼쪽부터 홍성훈차장, 김익철 트리즈협회 전 회장(중앙), 안세훈교수